WJS CORSO

WJS

Jacqueline Hénard

Geschichte vor Gericht

Die Ratlosigkeit der Justiz

CORSO bei *Siedler*

Inhalt

Vorwort

»Ach du lieber Gott...«
»Ja, laßt uns aufhören...«
»Nein, ich will weiterschauen. Wir müssen.«
»Wir müssen. Es ist unsere Geschichte.«
»Aber es ist LANGWEILIG.«
Julian Barnes, ›Das Stachelschwein‹

DIE ALTE BUNDESREPUBLIK DEUTSCHLAND WAR kein stolzer Staat. Demokratische Gelehrsamkeit und außenpolitische Bescheidenheit zählten zu ihren Lieblingstugenden. Nur gegenüber der DDR war sie sich ihrer selbst sicher. Dieses Selbstbewußtsein bezog sie vor allem aus zwei Erfolgen der Nachkriegszeit: dem Wirtschaftswunder und ihrer Rechtsstaatlichkeit.

Im Moment der Vereinigung stand die Wiederholung des ersten im Vordergrund. Die Ausdehnung des Rechtsstaats auf den Osten schien selbstverständlich und sicher. Drei Jahre nach dem Beitritt der DDR hat sich die Unfähigkeit zu einer Neuauflage des Wirtschaftswunders gezeigt. Der Rechtsstaat setzt sich unterdessen als Rahmen mehr und mehr durch. Die Schaffung von Institutionen ist dabei nur die eine Seite. Die andere Seite ist die Schaffung von Vertrauen zu den Institutionen und ihren Trägern. Die Justiz aber hat sich seit der Vereinigung in spektakulären Verfahren mehr als einmal, nicht nur im Fall Honecker, blamiert.

Die bundesdeutsche Justiz ist in einer tragischen Position. Sie hat sich auf eine unmögliche Aufgabe eingelassen: die Ahndung von Systemverbrechen der DDR, vom Mißbrauch des Volksvermögens zum privaten Vergnügen bis zur Verantwortung der Politfunktionäre für Gewalttaten an der Grenze – sofern sie nach DDR-Recht strafbar waren. Denn das Grundgesetz der Bundesrepublik Deutschland garantiert das Rückwirkungsverbot; anwendbares Recht ist das zur Tatzeit geltende Recht. Das Rückwirkungsverbot ist Bestandteil der bundesdeutschen, überhaupt der rechtsstaatlich-westlichen Rechtskultur. Es ist freilich nicht im Blick auf die besondere Situation der Vereinigung formuliert worden.

In den Verfahren zu Verbrechen und Vergehen aus der DDR-Zeit, die das politische System der DDR tangieren, muß es faktisch außer Kraft gesetzt werden. Denn das geltende DDR-Recht – die Normen, nach denen jeder Staatsbürger sich im Alltag richten sollte – war gerade nicht das geschriebene Recht, auf dem jetzt die Anklagen aufgebaut werden. Bei der juristischen Aufarbeitung der DDR-Vergangenheit kann das Rückwirkungsverbot allenfalls auf einer sehr formalen Ebene beachtet werden, denn jeder (West-) Richter weiß sich unentrinnbar der Wertordnung verhaftet, in der er gelebt hat. Daraus rührt eine Verlegenheit, die im Gerichtssaal oft zu spüren ist.

Bundesdeutsche Straf-, Staats- und Völkerrechtler, führende Köpfe der Jurisprudenz, haben die Anfänge mit theoretischen Erörterungen begleitet.* Den meisten ist das honorige Bestreben anzumerken, die Fehler ihrer eigenen Standesgenossen bei der Aufarbeitung der nationalsozialistischen Verbrechen zu vermeiden. Diese Haltung wird von vielen Richtern und Staatsanwälten geteilt. Die Versäumnisse bei der juristischen Bewältigung der NS-Verbrechen – der späte, widerwillige Anfang und der schonende Umgang mit den Juristen, die unter Hitler gedient haben – wirken klimatisch in jeden Prozeß gegen DDR-Unrecht hinein.

Der zweite Versuch sollte besser gelingen und ist doch schon durch diesen Anspruch belastet. In manchem ist er dem ersten Versuch sogar zum Verwechseln ähnlich. Auf einen beherzten Ansatz in der unmittelbaren Nach-Wendezeit folgt atmosphärische Ermüdung. Vor Gericht steht eine Masse von »Kleinen«. Die katharti-

* Klaus Lüderssen, »Der Staat geht unter – das Unrecht bleibt?«, Frankfurt 1992, behandelt alle Rechtsfragen und enthält ausführliche Quellenverweise.

sche Wirkung, auf die mancher gehofft hatte, bleibt aus. Eine »friedliche Revolution« läßt sich nicht mit administrativen Mitteln vollenden. Die Verurteilung der Verantwortlichen scheitert an ihrem Alter und an der Rechtslage. Die Justiz bewegt sich auf immer mildere Strafen zu, die zum Teil bloß noch symbolischen Charakter haben.

Inzwischen ist in der Bundesrepublik anderes auf die Tagesordnung gerückt. Ein Teil der Deutschen steht vor der dringenden Aufgabe, die Gegenwart zu bewältigen. Der andere Teil hatte sich über seine Politik und seine Geschäfte tiefer in die Vergangenheit des einen verknotet, als ihm heute recht sein kann. Es ist klargeworden, daß die juristische Aufarbeitung nicht bloß Aspekte des DDR-Unrechts zur Debatte stellt, sondern deutsche Politik- und Wirtschaftsgeschichte. Im Hintergrund geht es um den mehr als nachlässigen Umgang der deutschen Eliten mit den Wertordnungen, die ihre offiziellen Handlungsmaßstäbe abgaben.

Die Öffentlichkeit hat die ersten Prozesse gegen ehemalige DDR-Prominenz und deren Handlanger – gegen Mielke, Honecker und die Mitglieder des Nationalen Verteidigungsrats, gegen Harry Tisch und Hans Modrow, gegen Spione und Mauerschützen – mit einer Aufmerksamkeit verfolgt, die das normale Maß übertraf. Berichterstattung und Plazierung der

Berichte fielen aus dem Rahmen – üblicherweise ist die Berichterstattung aus Gerichtssälen auf spektakuläre Mordfälle beschränkt und im »bunten Teil« zwischen Wetter- und Straßenverkehrsbericht untergebracht. Die Prozesse mit Bezug zur DDR-Vergangenheit werden das Bild des bundesdeutschen Rechtsstaats schon dadurch stärker prägen, als es ihrer Zahl entspricht.

Mit dem Auftakt der Prozesse verknüpfte sich bei vielen Zuschauern eine diffuse Hoffnung auf Geschichtskorrektur mit juristischen Mitteln. Der Versuch, die alte DDR-Prominenz vor Gericht zu stellen, als ob sie Angeklagte wären wie andere auch, konnte nicht gelingen. Ihre Verbrechen waren moralischer und politischer Natur. Selten und wenig einprägsam ist von berufener Seite vor den notwendigen Enttäuschungen gewarnt worden. Der Rechtsstaat kommt zu unvorhersehbaren Schlüssen, seine Mittel sind begrenzt. Seine unerbittliche Eigengesetzlichkeit ist ein hoher Wert. Das ist in Umbruchzeiten aber schwer vermittelbar.

Die meisten Prozesse sind, gemessen an den Erwartungen, kläglich gescheitert. Die Versuche für ihr Gelingen waren mitunter verzweifelt. Die Ursachen für ihr Scheitern reichen tiefer, als Anklageschrift oder Urteil erfassen können.

Experimente und Enttäuschungen

Durch den Export
wird der Rechtsstaat zum Esel.
Jens Reich

DER BLASSE BAUSCHLOSSER UND DIPLOM-Gesellschaftswissenschaftler Harry Emil Otto Tisch ist als erster prominenter DDR-Funktionär vor ein bundesdeutsches Gericht gekommen. Der langjährige Vorsitzende des Freien Deutschen Gewerkschaftsbundes, FDGB, war eine jener Figuren, die bis 1989 jeder Ostdeutsche und kein Westdeutscher auf der Straße erkannt hätte. Die Anklage lautete auf Veruntreuung von über hundert Millionen Mark aus den Kassen des FDGB. Durch die Zwangsmitgliedschaft im Gewerkschaftsbund war jeder ostdeutsche Arbeitnehmer vom Mißbrauch getroffen; die Anklagebehörde konnte annehmen, daß die gesamte Arbeitnehmerschaft der ehemaligen DDR, immerhin neun Millionen Menschen, ihren Schuldvorwurf teilte.

Die Anklageschrift gegen Harry Tisch stammte vom Generalstaatsanwalt der DDR. Er hatte sie – auffallend schnell nach der Wende – schon am 21. Februar 1990 mitsamt sechzehn Bänden Ermittlungsakten dem Ostberliner

Stadtgericht zugestellt, das die Anklage im Sommer 1990 zur Hauptverhandlung zuließ. Mit der Vereinigung hat die bundesdeutsche Justiz das Verfahren geerbt. Über Nacht war die DDR-Justiz nicht mehr zuständig. Das Verfahren gegen Tisch ging an das Landgericht Berlin. Die 19. Wirtschaftsstrafkammer befand, daß die Ermittlungen rechtsstaatlichen Ansprüchen genügten, und sprang, assistiert von einem Karosserieklempner und einer Studentin als Schöffen, ins kalte Wasser. Die Hauptverhandlung hat das Gericht am 29. Januar 1991 eröffnet. Am 6. Juni wurde das Urteil verkündet.

Alle schwerwiegenden Vorwürfe waren längst nicht mehr Verhandlungssache. Der erste Anklagepunkt, Vertrauensmißbrauch nach Paragraph 165 des DDR-Strafgesetzbuches, wurde abgetrennt. Harry Tisch soll auf Kosten des FDGB 4,5 Millionen Ost-Mark teure Baumaßnahmen in einem Staatsjagdgebiet angeordnet haben, das er zu seinem privaten Vergnügen nutzte. Vertrauensmißbrauch ist ein Schuldvorwurf, den das bundesdeutsche Recht nicht kennt. Der Paragraph 165 ist schon vor der Vereinigung von der letzten, frei gewählten Volkskammer der DDR aus dem Strafgesetzbuch gestrichen worden. Die Kammer hatte sich an das Bundesverfassungsgericht gewandt; es möge prüfen, ob die Klage in diesem Punkt noch verfassungsgemäß sei.

Der zweite Anklagepunkt warf Tisch Untreue vor; er habe den FDGB geschädigt, indem er selbstherrlich und im Widerspruch zu den Finanzrichtlinien des FDGB aus dem Solidaritätsfonds hundert Millionen Ost-Mark für ein Jugendfestival an die FDJ überwiesen habe. Hierfür mußte die Kammer tief in die inneren Strukturen und Zusammenhänge der DDR-Organisationen eintauchen. Der FDGB und die FDJ seien doch »befreundete Organisationen« gewesen, und außerdem habe Erich Honecker das so gewünscht, sagte ein Zeuge aus. Die Kammer, das zeichnete sich schon recht früh im Prozeß ab, hat Tisch von diesem Vorwurf freigesprochen.

Kurz nach der Prozeßeröffnung stand nur noch das Abzwacken von ein paar zehntausend Mark aus dem »Verfügungsfonds« zur Debatte. Tisch hatte verschiedene Urlaubs- und Kuraufenthalte, besonders des Genossen Erich Mielke, in Graal-Müritz an der Ostsee großzügigerweise aus der Kasse des Gewerkschaftsbunds bezahlt. Das klägliche Ende des Prozesses war abzusehen. Am Ende wurde Tisch wegen Veruntreuung von 71.000 Mark zu eineinhalb Jahren Gefängnis verurteilt. Die lange Zeit in Untersuchungshaft wurde angerechnet, Tisch kam frei.

Wenige Tage vor dem Abschluß des Verfahrens war Harry Tisch schon aus der Untersuchungshaft entlassen worden. »Volkszorn ist kein Haftgrund«, kommentierte die Berliner Justizsenatorin Limbach. Sichtlich fassungslos über die Unparteilichkeit des Rechtsstaats, stand Harry Tisch nach der Entlassung mit seiner Frau vor dem Tor der Haftanstalt. Eine Lektion von rechtsstaatlicher Überlegenheit, aber wen hat sie beeindruckt? An den folgenden Verhandlungstagen führte Tisch vor, wie Freiheit das Selbstbewußtsein stärkt. Auf einmal saß er nicht mehr krumm in der Bank, sondern gerade, und antwortete kiebig auf Nachfragen des Richters. Um solche Kleinigkeiten habe er sich nicht gekümmert – »ich, in meiner Position«. Wach nahm er das Urteil entgegen. »Bitter und demütigend für viele Ostdeutsche«, kommentierte die ›Volksstimme Magdeburg‹: »Ist mit dem Urteil ein Exempel für die Mielkes, die Honeckers, die Stophs, die Keßlers und all die anderen statuiert worden?«

In der mündlichen Urteilsbegründung (die über den Gerichtssaal hinaus allerdings kaum Wirkung hat) wandte sich der Vorsitzende Richter Herdemerten ausdrücklich an die Bürger der neuen Länder. Die Kammer habe gewiß nicht alle Erwartungen erfüllen können, die sie in diesen Prozeß gesetzt hätten. Sie habe aber nicht die moralische Schuld des Angeklagten zu prüfen gehabt, sondern allein die Strafansprüche der Rechtsgemeinschaft, zu der nun auch die Einwohner der ehemaligen DDR zählten. Diese Ansprüche hätten sich nun einmal allein auf die

Veruntreuung von Geldern »eines halbstaatlichen Zwangsvereins«, des FDGB, bezogen.

Das schriftliche Urteil ist mit 35 Seiten ausgesprochen knapp und hält sich streng an die Sache. Mit keinem Wort überliefert es die Besonderheit des Auftaktverfahrens. Nichts von den Merkwürdigkeiten im Saal: ein weinerlicher Tisch als angeklagter Untersuchungshäftling und ein geschwätziger, braungebrannter Krenz als Zeuge, der sich mitten in seiner Aussage zu den Journalisten umdreht und erst auf Mahnung des Vorsitzenden Richters wieder zum Gericht spricht. Nichts von der Person Tisch, wie sie von den Zeugen geschildert worden war; von seinen Wutausbrüchen, von der vielfältigen Dienstbarkeit seiner Sekretärin Doris Ackermann, von seinen blödsinnigen Reden, wenn er betrunken war. Nichts von dem grotesken zehnten Verhandlungstag, als die Gerichtsverhandlung in die Kapelle des Haftkrankenhauses Plötzensee verlegt werden mußte.

Tisch hatte Fieber, der Weg in den Gerichtssaal war zu weit, seine Krankenzelle für Gericht und Zuschauer zu klein. Als Kompromiß blieb nur die Gefängniskapelle. Seine Grippe wird Tisch an diesem Tag hart genug angekommen sein, erträglicher aber immer noch als das Altarbild, das er die ganze Zeit vor Augen hatte – die »Vertreibung aus dem Paradies«. Nebenbei war an diesem Tag zu erfahren, daß sich Harry

Tisch (Zimmer 207) und Erich Mielke (Zimmer 204) es sich strikt verbeten hatten, gemeinsam in einer Zelle untergebracht zu werden. Fünf Minuten lang wurde über Tischs Gehalt gesprochen – 5500 Ost-Mark mitsamt Zulagen –, dann war der Tag fürs Gericht zu Ende. Tisch konnte wieder ins Bett gehen.

In der Verhandlung hat die Kammer auch gelegentlich ihre Ansichten über Rechtschreib- und andere Fehler von Tischs Westverteidiger Hubert Dreyling geäußert. Ein gewöhnlicher Berliner Bankräuber hat Tisch und Dreyling zusammengebracht. Der Bankräuber war Tischs erster Zellengenosse in Moabit. Tisch brauchte einen Anwalt. Gute Beziehungen zu West-Juristen hatte er nicht. Der Bankräuber empfahl ihm seinen Verteidiger. So kam Harry Tisch an die Zwei-Mann-Kanzlei von Hubert Dreyling und Hubert Dreyling zu einer Kette neuer Mandate. Dreyling, der Typus des superschicken Westberliners, verteidigte Mielke und Mauerschützen. Am 14. Tag machte Tisch, der bis dahin geschwiegen hatte, auf seinen Rat eine Aussage, die er anschließend beharrlich als »Geständnis« bezeichnete: Ja, aus heutiger Sicht sei es wohl »unkorrekt« gewesen, private Ferienreisen aus dem Verfügungsfonds der Gewerkschaft bezahlen zu lassen. Das war alles.

Kurze Zeit nach Tisch kam Gerald Götting an die Reihe. Der zweite Angeklagte aus den Reihen der DDR-Spitzenfunktionäre ist politisch und moralisch verantwortlich für die Gleichschaltung der Ost-CDU. Auch ihm wurde vor Gericht nur eine Lappalie vorgeworfen: Renovierung seines Ferienhauses auf Parteikosten. Das Geld hatte er nach der Wende zurückgezahlt. Angezeigt wegen Untreue hatte ihn eilfertig sein Nachfolger als Parteivorsitzender, Lothar de Maizière. Verurteilt wurde Götting zu einer Bewährungsstrafe.

Was sich mit der Zeit zum peinlichen Auftakt der juristischen Aufarbeitung entwickelte – die Prozesse um den Lebensmittelladen von Wandlitz und die Bezahlung von privaten Dachreparaturen aus irgendeiner Staatskasse –, muß sich die bundesdeutsche Justiz nur bedingt anrechnen lassen. Die Anklagen gegen Tisch, Götting und andere stammen noch aus dem letzten Jahr der DDR. Manchen ist die Unsicherheit ihrer Verfasser anzumerken und die Absicht, noch schnell einen guten Eindruck in der Geschichte zu hinterlassen. Angeregt hatte sie Egon Krenz. Im November 1989 hatte er den Generalstaatsanwalt der DDR angewiesen, doch bitte Korruption und Machtmißbrauch der alten Riege zu untersuchen, die er wenige Tage zuvor beerbt hatte. Krenz hatte sogar im Fernsehen damit geprahlt; ein durchsichtiges Manöver. Die bundesdeutsche Justiz muß mit dem Vorwurf leben, daß sie sich treu-brav darauf eingelassen hat.

Die neuen Ost-Eliten, die sich in der Wendezeit herausgebildet hatten, waren größtenteils entsetzt über die erste Begegnung mit dem Rechtsstaat. »Lächerlich und peinlich« empfand Joachim Gauck die Urteile gegen Tisch und Götting. Thierse meinte, sie seien »deren kläglicher Mittelmäßigkeit angemessen, nicht aber ihrer politischen Verantwortung«. Hatte er ernsthaft etwas anderes erwartet? In manchem Kommentar schwang Fürsprechertum mit für »die Menschen bei uns«. Bei aller Durchmischung von Kirche und Bürgerbewegung war die Enttäuschung in Ostdeutschland überwiegend irdisch und bitter. Ihre Essenz liegt in dem Satz, der Bärbel Bohley überleben wird: »Gerechtigkeit haben wir gewollt, den Rechtsstaat haben wir bekommen.«

Von Friedrich Schorlemmer und Wolfgang Thierse stammte ein kurzlebiger Vorschlag zur besseren Vergangenheitsbewältigung. Im Herbst 1991 kam von ihnen die Idee zu einem »Tribunal« von Ostdeutschen für Ostdeutsche. Eine Art gehobener Selbstjustiz, frei vom Paragraphenzwang, offen und schonungslos. Dahinter verbarg sich die Hoffnung, ein »konzentrierter öffentlicher Diskurs« könnte die »Inkonsequenz der Herbstrevolution« wettmachen, Justiz und »Siegerjustiz« – die rückwirkende Änderung von Strafvorschriften – umgehen und gleichzeitig für die innere Reinigung sorgen.

Das Ziel war schön, die Sprache etwas blasig, der Weg blieb im Nebel. Wer sollte an welchem Platz stehen bei diesen Tribunalen? Wer hätte wem aus welchem Grund und mit welcher Konsequenz Rechenschaft ablegen sollen? Die Reaktionen aus dem Westen waren diffus, Gutwilligkeit und offener Hohn über eine gute Absicht, die als harmloses Gesellschaftsspiel enden müßte. Die Idee ist verschwunden und nicht wieder aufgetaucht.

Bei einem anderen Teil der Bürgerrechtler bildete sich mit der Zeit eine bemerkenswerte Bereitschaft zu einer Art Kollektivbuße heraus. Jens Reich weist den Anspruch auf strafrechtlich untermauerte Genugtuung zurück: »Wir haben zugesehen. Wir haben weggesehen. Wir haben geschwiegen. Wir haben die Augen gen Himmel geschlagen.« Eine Ausnahme läßt er nur für Kapitalverbrechen gelten, die Mauerschützen. Richard Schröder fordert, »wir sollten uns unsere Überlegenheit etwas kosten lassen« und mit den Unterdrückern von gestern »nicht so umgehen wie sie mit uns«. Der Genuß des moralischen Triumphs setzt freilich eine hochentwickelte Kraft der Sublimierung voraus.

Westdeutsche Politiker haben den Prozessen wenig Auftrieb gegeben. Führende Männer von CDU, FDP und SPD hatten anfangs allgemein oder speziell von »Amnestie« gesprochen. Hans-Jochen Vogel, mit den Verhältnissen in und um

Berlin besonders gut vertraut, ventilierte für ein paar Tage sogar eine Generalamnestie. Als kein Echo kam, schwieg er wieder. Zu erinnern ist hier auch an einen prominenten Westberliner Rechtsanwalt, das CDU-Mitglied Klaus Finkelnburg. Er hatte nach dem mißlungenen Auftakt immer wieder für einen »Schlußstrich« unter die juristische Aufarbeitung plädiert. Die »geistigen Urheber ... werden ungeschoren davonkommen«, prognostizierte er, die Befehlsempfänger hingegen könnten belangt und verurteilt werden. Das sei ungerecht. Finkelnburg ist als Jurist eher Überzeugungstäter denn Parteistratege. Seine Bemühungen um den Posten des Berliner Justizsenators sind daran immer wieder gescheitert. Im März 1992 wurde er statt dessen Präsident des neu eingerichteten Berliner Landesverfassungsgerichts, das in seiner ersten Entscheidung von Gewicht zehn Monate später das Ende des Prozesses gegen Erich Honecker herbeiführte.

In diesem Gemenge der Gefühle spielen sich auch die Prozesse um die gefälschten Kommunalwahlen von 1989 ab. Am 7. Mai, genau eine Woche nachdem an der Grenze zwischen Ungarn und Österreich das erste Loch in den Eisernen Vorhang geschnitten worden war, wurde gewählt. Zum ersten Mal in der Geschichte der DDR wurde von Kreisen der kirchlichen Opposition die Möglichkeit genutzt, die im Prinzip von jeher öffentliche Auszählung der Stimmen zu beobachten. Der Ärger über die offensichtlichen Fälschungen gab den frischgebackenen Bürgerrechtlern enormen Auftrieb. Die Wahlbeteiligung hatte nicht bei 98 Prozent gelegen, sondern etwa bei 90, die Zahl der Gegenstimmen bei rund 10 und nicht bei 2,51 Prozent. Die ungefälschten Wahlergebnisse kamen übrigens der »Einschätzung« bemerkenswert nahe, die der Dresdner Oberbürgermeister Berghofer seinem politisch Vorgesetzten Werner Moke am 27. April gegeben haben soll. In einer abstrusen Kette von Verhandlungen zwischen den verschiedenen Parteiebenen wurde schließlich im vorhinein das Endergebnis festgelegt.

Die östliche Prominenz der Wendezeit ist tief gespalten, ob die Wahlfälschung heute noch verfolgt werden soll oder nicht. Die einen sind strikt dagegen. Denn die Masse der Ostdeutschen hätte die Scheinwahlen durch ihre Beteiligung sanktioniert und sich so mitschuldig gemacht. Auch nehme der Rechtsstaat Schaden, »wenn er auf diese Weise politische Prozesse zu führen versucht«. Warum werde denn der letzte SED-Ministerpräsident und jetzige PDS-Bundestagsabgeordnete Modrow vor Gericht belangt, fragt Friedrich Schorlemmer, nicht aber seine damals Vorgesetzten Böhme oder Walde? »Weil er noch auf der politischen Bühne steht.« Die anderen verteidigen vehement diejenigen, die

Gegenstimmen abgegeben hatten und anschließend sozusagen weggefälscht worden waren. Um ihretwillen dürfte die Suche nach den Schuldigen für die Wahlfälschung auf keinen Fall aufgegeben werden. Die Wahrheitsfindung ist äußerst mühsam. Denn nach der alten DDR-Wahlordnung, die in dieser Hinsicht gewissenhaft eingehalten worden ist, konnten Wahlunterlagen nach drei Monaten vernichtet werden.

Im Gegensatz zu vielen Verfahren, die später vor Gericht kamen, war bei den Wahlfälschungsprozessen Strafverfolgungsdruck aus der Bevölkerung zu spüren: Recht früh in der Wendezeit gingen die ersten Strafanzeigen gegen beteiligte Funktionäre ein. Die Wahlen – die, wie jeder wußte, nie etwas anderes waren als Scheinwahlen – waren nach dem sozialistischen Strafgesetzbuch ausdrücklich vor Manipulationen geschützt; Ausdruck jenes Zynismus, mit dem sich die DDR in politisch sensiblen Bereichen den Anstrich eines Rechtsstaats gab. Der entsprechende Paragraph des Strafgesetzbuches ist allerdings, Zufall oder Absicht, im Einigungsvertrag nicht in die Aufzählung weitergeltender Gesetzesnormen übernommen worden. Das entsprechende bundesdeutsche Gesetz wiederum darf eigentlich nicht auf die DDR-Kommunalwahlen angewandt werden, weil es nur bundesdeutsche Wahlen schützt. Der Einigungsvertrag schreibt vor, daß Vergehen und Verbrechen zu DDR-Zeit generell nach DDR-Recht geahndet werden müssen und bundesdeutsches Recht nur angewandt werden darf, wenn es milder ist. So wird die Wahlfälschung nach einer Rechtskonstruktion verfolgt, die, wenn auch inzwischen durch Entscheidungen des Bundesgerichtshofs und des Bundesverfassungsgerichts abgesegnet, kaum noch zu verstehen ist.

Wolfgang Berghofer und andere sind zu Haftstrafen auf Bewährung verurteilt worden. Egon Krenz, zur Zeit der umstrittenen Kommunalwahl politisch an höchster Stelle für die Aufsicht über die Fälschungen verantwortlich, trat häufig als Zeuge auf. Die Urteile gegen Berghofer und andere waren rechtskräftig, als in Dresden der Prozeß gegen den letzten SED-Ministerpräsidenten, Hans Modrow, und zwei seiner Genossen von damals begann. Zur Zeit der Wahl war Modrow Bezirksparteichef von Dresden gewesen. Das Urteil – eine Verwarnung, die geringstmögliche Strafe – ist von einer Kammer gefällt worden, in der die Stimmenmehrheit bei den Ostdeutschen lag: Ein Beisitzer und die Schöffen stammten aus der alten DDR. Das wird die Revisionsinstanz nicht übersehen können. Die Dresdner Kammer wollte das Verfahren mittendrin sogar einstellen, bekam aber nicht die notwendige Zustimmung der Staatsanwaltschaft. Zäh hielt sich in den Gerichtsfluren das

Gerücht, der sächsische Justizminister persönlich habe auf der Durchführung des Prozesses bestanden. Man dürfe die Verhältnisse von damals nicht mit den Maßstäben von heute messen, sagte der Vorsitzende Richter in der Urteilsbegründung. Je länger das Ende der DDR zurückliegt, desto schwieriger wird es werden, die Verhältnisse von damals und die Maßstäbe von heute zu trennen.

Schweigen (I): Erich Mielke

Das war nicht nur ein Verbrechen, Sire, das war ein Fehler.
Joseph Fouché

Das Kriminalgericht Moabit, ein wilhelminisches Ungetüm, hat zwei dunkel getäfelte Schwurgerichtssäle. Beide hat Erich Mielke mit sechzig Jahren Verspätung kennengelernt. Mal tagt die 23. Große Strafkammer in Saal 500, mal in Saal 700. Dort wird Mielke auch ein kurzes Gastspiel geben im Prozeß gegen »Honecker und andere«. Für drei Stunden in der Woche, aufgeteilt auf zwei Tage, haben ihn die Ärzte verhandlungsfähig geschrieben. Das Lederolhütchen hat er immer dabei. Vom irren Blick, mit dem er anfangs in die Fernsehkameras starrte, ist nichts mehr zu erkennen. Reglos wie ein altes Reptil sitzt er hinter seinen Verteidigern. Meistens ragen nur die Ohrenspitzen und die rosa Schädeldecke über die Brüstung. Wenn er unlustig ist oder schläfrig, changiert die Kopfhaut ins Gräuliche. Manchmal schnellt er aus der Tiefe des Sessels hervor, fährt den Kopf aus und streicht einmal mit den Augen durch den Saal. An neuen Gesichtern stößt er an, blinzelt und schaut weiter.

Ein paarmal schon hat das Gericht die Beweisaufnahme geschlossen, haben Staatsanwalt, Nebenkläger und Verteidiger plädiert. Die Plädoyers sind mittlerweile so kurz, daß alle Parteien nacheinander nur noch eine Stunde brauchen. Wenn der Staatsanwalt seinen Part schließt – »...beantrage ich lebenslange Freiheitsstrafe wegen Mordes...« –, bleibt Mielkes Kopf ruhig zwischen den Schultern stecken. Der Angeklagte sitzt in einer Art Terrarium mit Luftschlitzen und zwei versperrten Türen. Die eine führt durch unsichtbare Gänge in den Gefängnistrakt. Die andere, Schmiedeeisen und Panzerglas, führt zu den Angeklagtenbänken, auf denen sich andere Prominente ungeachtet ihres Alters und Starrsinns den Blicken der Öffentlichkeit aussetzen mußten. Erich Honecker zum Beispiel. Erich Mielke bleibt, es paßt zu seinem Lebenslauf, fast unsichtbar auf einem Sessel im Hintergrund sitzen.

Der Fall Erich Mielke ist eine unendliche Geschichte. Seine Verteidigung stellt in ihren Plädoyers neue Beweisanträge, das Gericht tritt wieder in die Beweisaufnahme, der Prozeß geht weiter. Bei Mielke geht es nicht um Verschwendung oder Anmaßung wie in den ersten, als peinlich empfundenen Prozessen der westdeutschen Justiz gegen Tisch und Götting. Derlei ist eindeutig Nebensache und bleibt es auch bei Gericht. Die Anklage lautet auf Mord. Sie stammt von einer selbstbewußten Staatsanwaltschaft. Den Haftbefehl, der ihr vorausging, hatte Mielke selbst sorgfältig aufgehoben. Er trägt das Datum vom 23. April 1933, die Anklage vom 17. März 1934. Erich Mielke war damals in Moskau.

Als Mielke nach dem Krieg Leiter der Polizeiinspektion Lichtenberg im sowjetischen Sektor wurde, erkannten Polizeibeamte den steckbrieflich gesuchten Mann. Die Sache kam wieder ins Rollen. Das Amtsgericht Berlin-Mitte erließ einen neuen Haftbefehl, und der ermittelnde Berliner Generalstaatsanwalt Kühnast bekam es mit der Zentralkommandantur der Sowjetischen Besatzungsbehörde zu tun. Sie bestellten ihn im Februar 1947 zu sich, forderten alle Unterlagen, die für Mielke und Ulbricht belastend sein könnten, und behielten sie kommentarlos zurück. Kühnast flüchtete kurz darauf in den West-Sektor.

Zuletzt lag der Haftbefehl mitsamt den dazugehörigen Akten im Panzerschrank von Erich Mielkes Büro. Dort, in einem dünnen Sonderheft mit der Nummer 26, ist er bei einer Durchsuchung nach der Wende beschlagnahmt worden.

Was hat Erich Mielke bloß bewogen, ihn wie eine Urkunde, ein kostbares Souvenir zu behandeln? Vielleicht der tolle Coup, mit dem er, der Gesuchte, seinen eigenen Haftbefehl in seine

Hände bekommen hat? Nein, die Unschuld, beteuert sein Westberliner Verteidiger Dreyling, nichts als die Unschuld. Hätte er das geringste Unrechtsbewußtsein gehabt, hätte er ihn doch jederzeit zerreißen können. Erich Mielkes Unrechtsbewußtsein ist ein weites Feld. »Meine letzte Arbeit für die Gruppe war die Bülowplatzsache«, steht lapidar in einem handgeschriebenen Lebenslauf aus dem Jahr 1932, den der Historiker Jochen von Lang sechzig Jahre später in Moskau ausgegraben hat. Auf dem Bülowplatz in Berlin waren am 9. August 1931 die beiden preußischen Polizisten Lenk und Anlauf erschossen worden.

Im Januar 1992 hat das Berliner Kammergericht Haftbefehl und Anklage aus den dreißiger Jahren für zulässig erklärt. Kurz darauf begann der Prozeß im Kriminalgericht Moabit. Hier, teils in denselben Räumen, war kurz zuvor gegen Harry Tisch, Gerald Götting und die ersten Mauerschützen verhandelt und geurteilt worden. Es gab keinen zwingenden Grund – außer der Verlegenheit über ihren Ausgang –, Mielke zuerst in dieser Sache zu belangen. An anderen Vorwürfen mangelte es nicht: Amtsanmaßung, Vertrauensmißbrauch und Untreue, Sonderversorgung in Wandlitz, illegale Telefonüberwachung und Postbeschlagnahme, Anstiftung zur Rechtsbeugung bei den Wahlfälschungen 1989, Mitverantwortung für die Gewalttaten an der innerdeutschen Grenze, Aufträge zur Ermordung von Republikflüchtlingen in der Bundesrepublik, Unterstützung der Rote-Armee-Fraktion und so weiter. Weitere Haftbefehle und Anklageschriften waren längst in der Schublade.

Die Tatvorwürfe in chronologischer Reihenfolge abzuarbeiten hat sicher fragwürdige Seiten. Nebenbei hat sie aber die Prozesse gegen ehemalige DDR-Prominenz an den Punkt zurückgeführt, an dem sie ihren historischen Ausgang nahmen: zu den Straßenkämpfen der Weimarer Republik, der Machtergreifung der Nationalsozialisten, dem Weltkrieg, der Teilung Deutschlands und des Kontinents. Im Osten Deutschlands die Einsetzung eines kommunistischen Regimes; im Westen die Gründung der Bundesrepublik als eines Rechtsstaates, der gebildete Nationalsozialisten, nach kurzem Zögern, auch in der Justiz, lieber eingliederte als verurteilte. Jedes der politisch bedeutsamen Gerichtsverfahren im frisch vereinten Deutschland – Mielke, Wolf, Honecker, Mauerschützen und Waldheim – zieht seine Brisanz aus sechzig Jahren Vorgeschichte.

Der 9. August 1931 war der Tag des Volksentscheids zur Auflösung des Landtags. Deutschnationale Volkspartei, der monarchistische Stahlhelm, NSDAP und KPD hatten ihn initiiert, um die von der SPD getragene bürgerliche Reichsregierung zu stürzen. Es ging um die Demokratie. Zweitausend Zeitungen hatten auf eine Notverordnung des Reichspräsidenten hin einen dramatischen Appell des preußischen Ministerpräsidenten Braun gedruckt, der die Bevölkerung vor dem Begehr dieser »in unnatürlicher Paarung vereinten Todfeinde« warnte. Mit dem Gelingen des Volksentscheids wollten sie »weithin sichtbar das Flammenzeichen geben, daß das Ende der Demokratie, des Volksstaats, in Deutschland gekommen sei«.

Schon an den Tagen vor dem Volksentscheid heizte sich in Berlin die Stimmung auf. Auf dem Bülowplatz, in unmittelbarer Nähe zum Zentralkomitee der KPD, lieferten sich Kommunisten und ihre Sympathisanten mit den Polizisten der Bülow-Wache Scharmützel. Der Revierhauptmann Paul Anlauf, von den Kommunisten »Schweinebacke« genannt, läßt den Platz mehrmals räumen. Bei einer Rangelei erschießt ein Polizist den Klempner Fritz Auge. »Rotfront nimmt Rache«, ist die Antwort der Kommunisten. Nachts wird an eine Hauswand gepinselt: »Für einen erschossenen Arbeiter fallen zwei Schupo-Offiziere.« Beim ersten Versuch klappt die Rache nicht. Am Abend des 9. August, als der Fehlschlag des Volksentscheids schon klar ist, werden die Polizeihauptleute Paul Anlauf und Franz Lenk von hinten erschossen.

Mielke und Ziemer, die mutmaßlichen Schützen, fliehen. Die Ermittlungen verlaufen zunächst im Sand. 1933 werden sie mit mehr Druck wieder in Gang gesetzt. Am 21. März 1933 wird der Arbeiter und Tatzeuge Max Thunert festgenommen. Nach vier Tagen fängt Thunert an zu reden, andere werden verhaftet und tun es ihm gleich. Thunert war schon einmal, gleich nach den Schüssen vom 9. August 1931, verhaftet worden und hatte vier Wochen lang in Untersuchungshaft gesessen. Im Juli 1934 wird der Prozeß gegen fünfzehn Verdächtige eröffnet. Nach zwei Wochen werden die Urteile gefällt; drei Todesurteile, zwei Freilassungen, die anderen werden zu Haftstrafen verurteilt. Ein Todesurteil wird vollstreckt. Ein Verurteilter nimmt sich das Leben. Der Hauptbelastungszeuge Klause wird zunächst zum Tode verurteilt, dann zu einer Gefängnisstrafe begnadigt, 1942 schließlich aus unklaren Gründen mit dem Handbeil enthauptet.

Untersuchungsrichter beim zweiten, derart erfolgreichen Versuch, die »Bülowplatzsache« vor Gericht zu bringen, war ein gewisser Thierbach, wenig später tätig am politischen Sondergericht 1. An den Verhören war auch der SA-Scharführer und Hilfspolizist Kubick beteiligt, ein Mann mit eigenem Rechtsverständnis: Unwillige Kandidaten brachte er auch mal mit Gummiknüppel und Peitsche zum Reden, einem Verdächtigen im Bülowplatz-Prozeß klaute er das Motorrad. Landgerichtsdirektor Böhmert, der dem Schwurgericht in Moabit vorsaß, wurde einen Monat nach dem Urteil zum Vorsitzenden des Sondergerichts Berlin befördert und damit zuständig für die Ahndung »von heimtükkischen Angriffen auf Staat und Partei«. 1936 bescheinigte ihm der Präsident des Landgerichts Berlin »volles Verständnis für die Belange von Staat und Partei«. Der ›Völkische Beobachter‹ lobte ihn 1941 als einen der »energischsten Richter Berlins«, der schon früh wegen seines Vorgehens gegen die (kommunistischen) Rechtsanwälte Litten und Löwenthal aufgefallen sei.

Der Prozeß gegen Erich Mielke hat am 10. Februar 1992 mit einem Eklat begonnen. Eine junge Frau stürzte sich auf Mielkes Verteidiger, den Ostberliner Anwalt Jürgen Wetzenstein-Ollenschläger. Das Mandat hatte Wetzenstein-Ollenschläger von Wolfgang Vogel bekommen. Die junge Frau zeterte und zerrte ihn wütend an der Krawatte. Sie kannte Wetzenstein-Ollenschläger aus seinem früheren Leben als Richter am Bezirksgericht Lichtenberg direkt neben Erich Mielkes früherem Wirkungsort. Er hatte die junge Frau wegen irgendeiner Kleinigkeit, die zu DDR-Zeit ein politisches Verbrechen war, zu zehn Monaten Haft verurteilt.

Wetzenstein-Ollenschläger, geboren in Bayern, war nach dem Krieg, wohl aus politischer Überzeugung, in die DDR gegangen. Ein Jahr vor der Wende hat er in der DDR um seine Entpflichtung als Richter und um Erteilung einer Anwaltslizenz gebeten. Kurz nach dem Eklat bei Gericht ist er verschwunden, angeblich mit siebzehn Millionen Mark im Köfferchen, vielleicht nach Kuba.

Glück für Erich Mielke. An die Stelle von Wetzenstein-Ollenschläger tritt der langhaarige Westberliner Anwalt Stefan König, der über »Rechtsanwälte als Strafverteidiger im Nationalsozialismus« promoviert hat. Wie er das Mandat bekommen hat, liegt im Halbdunkeln. Erschlichen, unterstellt Dreyling, der Pflichtverteidiger, der sein Mandat ganz offiziell durch den Vorsitzenden Richter Seidel bekommen hat. Die Verteidigung streitet sich vor Gericht und Zuschauern. König habe sich als Gehilfe von Mielkes (Ost-)Wahlverteidiger Graupner in den Knast geschummelt, behauptet Dreyling. König fordert Dreyling auf, nicht so »herumzuquatschen«. Es ist nicht überliefert, was Mielke während dieses Zanks gemacht hat, ob er überhaupt zu sehen war. Leider ist niemand auf die Idee gekommen, ihn zu fragen, von wem er denn verteidigt werden wolle.

König ist brillant und arrogant. Wer einen Fehler macht, hat nichts zu lachen. Meistens weiß er es besser. Dies Schriftstück ist schon längst verlesen, jenes als Beweismittel ausgeschlossen. König ist unbequem, aber der Vorsitzende Richter Seidel, der sonst nicht als liberaler Geist gilt, läßt ihn gewähren; vielleicht, weil Königs Strategie das Ende des Prozesses hinauszögert. König interessiert sich für die Materie und für die Zeit. Außerhalb des Gerichtssaals hat er sein Pendant in der Redaktion der ›taz‹, in deren Spalten der Historiker Götz Aly die Hintergründe sorgfältig ausleuchtet. In der Verteidigung übernimmt König den historisch analysierenden Part. Er bestreitet, daß im Frühjahr 1933 noch einwandfrei rechtsstaatliche Verhältnisse herrschten. Nach einem langen Wortgerangel mit König hat sich das Berliner Gericht mit Bitte um Entscheidung nach Karlsruhe gewandt; das höchste Gericht schloß die Ermittlungsprotokolle aus den Jahren 1933 und 1934 mit wenigen Ausnahmen im laufenden Verfahren als Beweismittel aus. Der Haftbefehl gegen Erich Mielke vom 23. April 1933 freilich beruht gerade auf diesen Vernehmungsprotokollen.

Alle Tatzeugen sind tot. Nur ein gewisser Fleischmann, Zeuge vom Hörensagen, lebt noch. Er hatte am nächsten Tag in einer Kneipe neben Mielke und seinen Genossen gesessen. Mielke habe bei Bier und Faßbrause mit dem Mord geprahlt. Für eine Verurteilung ist das ein dünner Boden. Ein Geständnis von Mielke gibt es nicht, nur ein paar handgeschriebene Lebensläufe und ein Interview aus dem Februar 1992. Als Wetzenstein-Ollenschläger verschwunden war, ist Dreyling zusammen mit einer Reporterin von der ›Berliner Zeitung‹, die ihre Leser im Ostteil der Stadt hat, zu Mielke gegangen. »Ich sage ihm immer: Die Klappe zu halten ist kein Konzept«, sagt Dreyling. »Sie sind eine absolute Person der Zeitgeschichte. Also reden Sie!« An diesem Tag hat Mielke, der sich bisher für taub, blöd und vergreist ausgab, geredet.

Er kommt nicht im Rollstuhl auf seine Besucher zu, wie sonst, sondern zu Fuß, überrascht weiter mit Geistesgegenwart und Hellhörigkeit. Zunächst bittet er Dreyling, ihn nicht so laut anzuschreien. Dann spricht er vom Schießbefehl, von den Toten an der Mauer, von Erich Honekker und vom Bülowplatz; sich selbst belastet er mit keinem Wort. »Wer geschossen hat, kann ich nicht sagen. Ich bin weggerannt, um nicht selbst abgeknallt zu werden«, diktiert er der Reporterin in den Block. Lieber Feigling als Mörder. »Wissen Sie, ich war ein einfacher politischer Funktionär«, lügt er treuherzig, »bin wie ein Treppenterrier von Haus zu Haus, habe Fünfzig-Pfennig-Broschüren an die Arbeiter verteilt.« Es war der gute Mielke, der sprach; der Mann, der alle Menschen liebte.

Seither schweigt er wieder. Dem Gericht bleibt nur, was König als »Glaubwürdigkeitsarchäologie« bezeichnet hat: Ausgrabungen in Archiven und Überprüfung der gefundenen Dokumente auf ihren politischen Zusammenhang.

Wäre da nicht Dora Zimmermann, die schicke Rentnerin aus Berlin-Lichtenberg, der Prozeß wäre vollkommen papieren. Frau Zimmermann ist die Tochter des erschossenen Polizisten Anlauf. 1931 war sie elf Jahre alt. Die »Bülowplatz-Sache« hat sie zur Vollwaise gemacht. Im Prozeß gegen Erich Mielke tritt sie als Nebenklägerin auf, still, hartnäckig und diszipliniert. Zweimal nur hat sie gefehlt; einmal war sie krank, das andere Mal hatte sie Geburtstag. Dora Zimmermann, die ihr Erwachsenenleben in der DDR verbracht hat, ist dankbar für den Rechtsstaat, der ihr erlaubt, Mielke zu zeigen, »daß ich noch existiere«. Ein lebendiger Vorwurf.

Für Frau Zimmermann stellt sich die Frage nach der Verjährung nicht. Das Kammergericht, die höchste Berliner Gerichtsinstanz, hat sie auch verneint. »Das deutsche Strafrecht kennt seit 1871 die Möglichkeit, Verjährungsfristen durch richterliche Handlungen über zwanzig, vierzig, sechzig oder noch längere Jahre zu unterbrechen.« Um der Ehre der Nation willen, sagte der spätere Verfassungsgerichtspräsident Ernst Benda 1965 in einer berühmt gewordenen Ansprache vor dem Bundestag, müsse es dem deutschen Volk erlaubt sein, »diese Mörder« auch ohne solche Unterbrechungen auf unbegrenzte Zeit zu verfolgen. Benda setzte sich damals, mit Erfolg, für die Aufhebung der Verjährungsfrist für NS- Verbrechen ein.

Für den Fall Mielke gilt diese Überlegung nur atmosphärisch. Juristisch hat Mielke seine Verfolgbarkeit im vereinten Deutschland der Tatsache zu verdanken, daß er jahrzehntelang Abgeordneter der DDR-Volkskammer war. Das hätte ihm nach deklariertem DDR-Recht Immunität verliehen – wenn denn je ein DDR-Staatsanwalt versucht hätte, ihn im Namen der sozialistischen Gerechtigkeit zu belangen. Westliche Juristen haben Ablauf und Unterbrechungen der Verjährungsfrist penibel nachrecherchiert, ein Meisterwerk der Spitzfindigkeit. So konnte Erich Mielke der Prozeß gemacht werden für ein schweres Verbrechen. Mielkes Lebenswerk aber war die Staatssicherheit mit all ihren Fäden, Fallstricken und Garrotten. Dafür wird er nicht mehr vor Gericht gestellt werden können.

Stellvertreter (I): Spione

Sprecht leise, haltet euch zurück,
wir sind belauscht mit Ohr und Blick,
wir sind belauscht mit Ohr und Blick!
Gefangenenchor, ›Fidelio‹

Ursprünglich war dieser Part Grossmann zugedacht, Werner Großmann, der ganz normal im Berliner Telefonbuch zu finden ist, vor Zudringlichkeit allerdings geschützt in einer langen Reihe anderer »Werner Großmanns«. Gelegentlich sieht man ihn im Fernsehen. Über seine Arbeit spricht er mit großem Ernst. Die »Ehrenpflicht«, die »Massenwachsamkeit«, die »antiimperialistischen Umtriebe« – es ist die formelhafte Sprache von gestern. Einmal nur bricht die Generalsmiene auf, er gluckst stolz, was er doch für tolle Kerle in seiner Abteilung hatte, wen die auf der »Romeo-Strecke« nicht alles aufs Kreuz gelegt haben. Das Gegenstück zu Großmanns Vergnügen war die Verzweiflung mancher Sekretärin im »Operationsgebiet«, wenn sie entdeckt hatte, was ihr Romeo an ihr wirklich sexy gefunden hatte.

Großmann sollte zusammen mit vier seiner wichtigsten Mitarbeiter vor das Berliner Kammergericht gestellt werden. Die Anklage wegen

Landesverrats war am 23. Juli 1991 fertig. Die Generalbundesanwaltschaft wollte eine Art Musterprozeß, ein großes Verfahren, das so schnell wie möglich den wachsenden Groll gegen die fröhlichen Lebensbedingungen der Stasi-Granden entkräften sollte. Werner Großmann, der ursprünglich Maurer gelernt hatte, war vom 15. November 1986 bis zum 31. März 1990 als Nachfolger von Markus Wolf Leiter der Hauptverwaltung Aufklärung.

Am Tag nach der Anklageerhebung gegen Großmann entschied der Bundesgerichtshof, leitende Mitarbeiter der DDR-Spionagedienste könnten nach bundesdeutschem Recht bestraft werden. Ihre Bestrafung sei nur scheinbar eine Ungleichbehandlung gegenüber den Mitarbeitern der westdeutschen Geheimdienste, die von Verfolgung freigestellt bleiben. Die unterschiedliche Behandlung sei bloß »eine Folge der rechtlichen Ausgestaltung« der deutschen Vereinigung. Das Berliner Kammergericht war sich nicht so sicher und wandte sich an das Bundesverfassungsgericht. Dort liegt die Anfrage nun. Gegen Markus Wolf, der keinen anderen Wirkungsbereich hatte als Werner Großmann, hat die Bundesanwaltschaft im September 1992 vorsichtshalber beim Oberlandesgericht Düsseldorf Anklage erhoben, nicht in Berlin. Der zuständige Senat hat jahrzehntelange Erfahrung mit Wolfs Agenten. Sein Gerichtsbezirk umfaßt den Regierungssitz Bonn. Er hat den Prozeß eröffnet, ohne die Entscheidung aus Karlsruhe abzuwarten.

Feld, wie er hier noch einmal heißen soll, ist kein besonders interessanter Fall. Er ist mittelgroß, das Haar mittelgrau, gelernter Maurer, 1950 als Hartmut P. in der DDR geboren und bei den Großeltern aufgewachsen. 1968, beim Wehrdienst, motzt er gegen den Einmarsch in die Tschechoslowakei und ohne politischen Anlaß gegen die »Polacken«. Wegen »Diskriminierung fremder Rassen« wird er vom Militärobergericht Neubrandenburg zu fast drei Jahren Gefängnis verurteilt. Seinem Handwerk verdankt er (wie der Dachdeckergehilfe Honecker unter den Nationalsozialisten) ein abgemildertes Haftregime. Er kommt nach Rostock als «Hausarbeiter« des MfS. Fluchtversuche, die er nicht näher beschreibt, scheitern. Der spätere IM Feld schreibt wütende Briefe an den Staatsratsvorsitzenden Honecker. Im Frühjahr 1975 wird er ausgewiesen, ein halbes Jahr später schiebt die DDR auch seine Freundin und ihre beiden Kinder ab.

Kaum im Westen, begibt sich der Mann gleich wieder mitten in die DDR. Die Familie zieht nach West-Berlin, keine Seltenheit unter Flüchtlingen und Freigekauften. Hartmut P. braucht noch mehr Reibung mit dem Regime; er wird Fernfahrer. Täglich ist er auf den Transitstraßen unterwegs, an beiden Enden hat er mit den sogenannten Grenzorganen zu tun. 1978 macht er am Rand eines Rotlichtbezirks eine Kneipe auf, den »Zwiebelzopf«. Er stellt sie dar als einen Hort der konservativen Menschenliebe: Damals habe es einerseits so viele linke Kneipen gegeben in Berlin und andererseits so viele ehemalige politische Gefangene aus der DDR, die »in der Freiheit ins Straucheln gerieten«. Beim Versuch, ein möglichst schmeichelhaftes Bild von sich zu zeichnen, verspricht sich Hartmut P., verwechselt seine »Opposition« mit seinem »Opportunismus«. Der »Zwiebelzopf« war im Fluchthelfermilieu als Treffpunkt bekannt.

In einem Seelenzustand, der im geteilten Berlin nicht unbekannt war, will der spätere Feld 1982 zum Bahnhof Friedrichstraße gefahren sein, um Einreisegenehmigungen zu irgendeinem Familiengeburtstag zu erzwingen. Er sei halt durchgedreht, sagt er. Seine Frau sei ganz krank gewesen vor Sehnsucht nach ihren Eltern. Die DDR-Grenzpolizei setzte ihn in ein Zimmerchen zusammen mit »Eberhard«. Eberhard hatte schon eine Akte vom MfS dabei. »Die wußten sehr gut Bescheid über mich«, sagt er. Feld war damals schon Mitglied in der Vereinigung der Opfer des Stalinismus. Feld und Eberhard gründen eine Informations- und Saufpartnerschaft, die sieben Jahre gehalten hat. Für Feld gab es jedesmal 200 bis 500 Mark in bar. Im

Sommer 1989 meldete sich Eberhard vorübergehend ab. Er sei bei den Demonstrationen in Leipzig eingesetzt. Nach der Wende habe er Eberhard noch einmal getroffen, zufällig. Er hatte einen »Wirtschaftsberater« kontaktiert, weil er in den neuen Bundesländern Geschäfte machen wollte. Der Wirtschaftsberater empfahl ihm, sich doch mal mit einem gewissen Eberhard in Verbindung zu setzen.

Feld ist ein ganz gewöhnlicher Spitzel, der sieben Jahre lang Handlangerdienste für die DDR verrichtet hat. Die Hälfte seiner Wühlarbeiten ist so läppisch gewesen, daß sie in der Anklage gar nicht vorkommen. Männer wie Feld sind Alltagsgeschäft für den 1. Strafsenat des Kammergerichts, den Senat, der den Fall Großmann erst einmal dem Verfassungsgericht vorgelegt hat. Feld und Konsorten haben das Pech, als Bürger der Bundesrepublik auf dem Boden der alten Bundesrepublik für die DDR spioniert zu haben. Das war damals eindeutig strafbar, das ist strafbar geblieben. Bei den Instrukteuren, Führungsoffizieren und Architekten der »Zersetzungspläne« ist die juristische Seite schwieriger.

1992 hatte der Senat ein Dutzend Fälle vom Genre Feld. Die Strafverfolgung westdeutscher Inoffizieller Mitarbeiter des MfS ist einer der effizientesten Bereiche in der juristischen Aufarbeitung der DDR. 1993 wird jede Woche gegen einen anderen verhandelt, mal einen Mathematiker, mal einen Polizisten, mal einen Journalisten. Unter den Beschuldigten ist auch manche Stütze der Gesellschaft wie der Hochschulprofessor Hanns-Dieter Jacobsen von der Freien Universität, der ehemalige Dekan des Fachbereichs Politische Wissenschaften. Nach seiner Enttarnung und Verhaftung gab er der studentischen ›OSI-Zeitung‹ mit einem stolzen Seufzer zu Protokoll, er habe der HVA auf seinen Fachgebieten, Ost-West-Handel und Internationale Beziehungen, seit 1968 »einen relativ guten Überblick verschafft«. Er habe es für »nützlich« gehalten, seine ganz auf die Sowjetunion fixierten Gesprächspartner über den Westen zu informieren. »Man rutscht rein, und dann läuft es.«

Unzählige Fälle werden im Vorfeld wegen Belanglosigkeit eingestellt. Die Ermittlungen leitet immer die Bundesanwaltschaft ein; zuständig für die Verhandlungsführung sind die Oberlandesgerichte. Als sich nach der deutschen Vereinigung erstmals die Frage nach der Strafverfolgung von DDR-Spionen stellte, waren der Bundesjustizminister, der Präsident des Bundesamtes für Verfassungsschutz und der Generalbundesanwalt dagegen. Sie wünschten eine Amnestie. Ob die Wesensverwandtschaft mit ihren ehemaligen Gegenspielern eine Rolle gespielt hat oder die Aussicht auf eine Lawine fruchtloser Prozesse oder beides, mag dahingestellt sein. Ohne Amnestie, warnte der damalige Justizminister und frühere BND-Chef Kinkel im Februar 1991, drohten mindestens dreitausend Strafverfahren. Durchgesetzt hat sich die Gegenlinie, vertreten vor allem von der CSU: die Praktikabilität sei kein Argument gegen die Strafverfolgung. Darum sitzt der ehemalige IM Feld vor dem Strafsenat des Kammergerichts.

Sieben hochqualifizierte und gutbezahlte Juristen, fünf Richter, ein Oberstaatsanwalt und ein Verteidiger, werden einen Tag lang mit ihm zusammen geduldig die Akten durchkauen. Der Fall liegt auf dem Tisch. Feld hat gestanden. Auch das ist die Regel. Es gibt Vernehmungsprotokolle und Unterlagen vom Ministerium für Staatssicherheit. Sie haben sie alle gelesen. Geld ist in seinem Fall nicht zurückzuholen. Der Vorsitzende Richter Kubsch ist ein Mann wie ein geöltes Zahnradwerk, beim Fragen bleibt seine Robe die ganze Zeit in Bewegung, er schiebt und dreht langsam den Oberkörper auf seinem Stuhl herum, Halbsatz um Halbsatz, und nimmt auch noch die Arme dazu, wenn er zum Ende kommt. Es ist ein ruhiges, ordentliches Bild. Vertrauenerweckend und ohne jedes Zeichen von Gefühl. Eine etwas nervöse, oft erkältete Richterin gehört zu dem Senat und ein Richter mit der Gabe unabgestumpfter Empörung. Bei immer denselben Sachverhalten hakt er scharf nach. Der vierte Richter ist von altmodischer Eleganz und schweigsam, der fünfte schließlich sieht immer aus, als ob er schon gestern nachmittag schnell zum Friseur gehen wollte, Waschen und Schneiden.

Richter Nummer fünf sucht nach mildernden Umständen. Feld war hochverschuldet. Zwei Kneipen, die er nach dem »Zwiebelzopf« gegründet hatte, sind nie aus den roten Zahlen gekommen. Ob er Eberhard zugearbeitet habe, um sich aus seinen Schulden zu retten, fragt der Richter. Feld weist das geradezu empört zurück: »Diese geringen Summen spielten bei der Größenordnung meiner Schulden überhaupt keine Rolle!« Sein Haupmotiv, beteuert er, sei die Einreisemöglichkeit zu den Verwandten seiner Frau gewesen. Mit seinem Führungsoffizier ist er nicht etwa ehrerbietig umgesprungen. Er hat ihn oft zwei, drei Stunden warten lassen oder auch mal ganz versetzt. Eine ziemlich einfache Aufgabe hat er einfach nicht erledigt. Auch darin ist Feld ein typischer Spitzel gewesen. Viele, wie man inzwischen weiß, waren nicht besonders fleißig.

Seinen Haß auf das DDR-Regime habe er vor Eberhard nie verborgen. Feld sah seine politische Heimat eher bei den Republikanern, die er wiederum im Auftrag der Stasi auskundschaftete. Eberhard hat das Paradox in einem Führungszeugnis erklärt: »Feld verfügt über innere Bindungen an die DDR.« Er bemühe sich, erfolgreich zu arbeiten, heißt es dort weiter, berichte ehrlich, reagiere schnell, habe ein gutes Gedächtnis. Den Charakter seines IM beschreibt er als »kaltblütig, anpassungsfähig, kaltschnäuzig«.

Felds Hauptaufgabe für das MfS war die Anwerbung eines Agenten aus den Reihen des Westberliner Staatsschutzes. Den ersten Teil des Vorgangs »Zaunkönig« hat er prompt erfüllt und übererfüllt: Aus der vagen Bekanntschaft zwischen Kneipier und Kunde Zaunkönig, die schon am Tag seiner Anwerbung als Inoffizieller Mitarbeiter bestand, wurde eine herzliche Freundschaft. Die Familien hüteten einander die Wohnung in den Ferien, einmal borgte er dem Staatsschützer Geld aus eigener Tasche, bei einem Kind ist er sogar Patenonkel. Den zweiten Teil, die Anwerbung, konnte er nicht erfüllen, wenn er seinen Trumpf im Kontakt mit der Stasi nicht aufs Spiel setzen wollte. Eine gemeinsame Reise nach Amerika, bei der eine psychologisch besonders geschulte »Julia« auf den Staatsschützer angesetzt werden sollte, kam nie zustande. Die Adresse vom Tennisklub seines Freundes, in dem man eine andere Schöne auf ihn hätte ansetzen können, hat er nie herausgefunden. Das fand er ehrenrührig, läßt er durchklingen.

Aber: »Alles, was Zaunkönigs Familie betraf, habe ich berichtet, alles, alles.« Geschwister,

Eheschwierigkeiten beim Schwiegervater, Wohnungseinrichtung, Elektrogeräte. Ausgehorcht über berufliche Dinge habe er ihn nie, sagt er, stolz wie ein Offizier der preußischen Armee. Zaunkönig habe aber auch nie etwas erzählt, setzt er nach. Politisch seien sie übrigens einer Meinung gewesen. Als er einen Abdruck von Zaunkönigs Wohnungsschlüssel besorgen soll, verschlampt er den Auftrag. Er steckt den Schlüssel ins mitgebrachte Plastilin, wie von Eberhard bestellt, und knetet hinterher ein bißchen am Abdruck herum: »Das ging mir dann doch zu sehr ins Private hinein.«

Die Zwiespältigkeit der Seele ist nicht strafbar. Für das andere wird Feld am Ende des Tages zu 5000 Mark Buße verurteilt und zu einer knappen Haftstrafe, ausgesetzt zur Bewährung. Auch darin ist sein Fall Durchschnitt.

Richter und Rechtsbeugung

Wenn kein Geständnis und kein Protokoll, na schön, dann werden Sie einige Jahre in ihrem Kellerloch verrotten, oder aber wir bringen Sie eines Nachts in eine einsame Gegend…
Béla Szász, ›Freiwillige für den Galgen. Die Geschichte eines Schauprozesses‹

OTTO JÜRGENS IST 86 JAHRE ALT UND BENEIDENSwert rüstig. Einmal in der Woche macht er sich auf die Reise von Halle nach Leipzig, Aufbruch morgens um fünf Uhr. Bis neun Uhr wartet er vor der Tür zum Saal 115, vorsichtig-höflich begrüßt von den andern, die sich seinetwegen nach und nach hier einfinden. Ein Vorsitzender Richter aus München, ein Staatsanwalt aus Baden-Württemberg, ein Rechtsanwalt aus Hannover und mindestens vier Männer und Frauen aus der näheren Umgebung: die Beisitzerin, die zwei Laienrichter, eine Protokollführerin. Häufig sitzt auch ein Trüppchen Getreuer, alles alte Leute, im Saal. Otto Jürgens steht in einer besonders heiklen Angelegenheit vor Gericht. Er war als Richter und als Staatsanwalt an den Geheimprozessen von Waldheim beteiligt. Das Zuchthaus der sächsischen Kleinstadt Waldheim bei Chemnitz, die heute zum Landgerichtsbezirk Leipzig gehört, war 1950 Schauplatz für den furiosen Auftakt der parteibestimmten Rechtsprechung in der DDR. Die Anklage gegen Jürgens lautet auf Beihilfe zum Mord in einem Fall, Rechtsbeugung und Anstiftung zur Rechtsbeugung in vierzehn weiteren Fällen.

51 Menschen haben in Waldheim als Richter und Staatsanwälte fungiert. Sie wurden unter als zuverlässig eingestuften Genossen ausgewählt. Die juristische Qualifikation bestand bei manchen, wie bei dem gelernten Tischler Jürgens, in einer Volksrichterschulung. Die Namen aller beteiligten »Juristen« sind im Westen spätestens seit dem Herbst 1950 aus den Angaben der geflüchteten Protokollführerin Gertrud Mielke bekannt, die im ›Spiegel‹ veröffentlicht worden sind. Die meisten sind tot. Sechzehn hat die Staatsanwaltschaft noch ausfindig machen können. Viele sind gebrechlich, die Haftbefehle wegen ihres Alters außer Vollzug gesetzt. Der jüngste ist 68. Jürgens ist der Älteste. Eine rechtskräftige Verurteilung hat er kaum noch zu befürchten.

Die Angeklagten von Waldheim kamen aus den sowjetischen Internierungslagern Bautzen, Buchenwald und Sachsenhausen. Sie sind als letzte von ursprünglich zehn sowjetischen Lagern im Februar 1950 aufgelöst worden. 3452 Männer, Frauen und Jugendliche wurden an die DDR-Behörden übergeben und nach Waldheim gebracht. Viele waren schwer tuberkulosekrank. 88 starben vor Prozeßbeginn, 73 waren zu krank, um vor Gericht gestellt zu werden, zwei hatten den Verstand verloren. Die übrigen wurden innerhalb von sechs Wochen von zwanzig Sonderstrafkammern abgeurteilt. 32 wurden zum Tode verurteilt, die anderen zu hohen Haftstrafen.

Im Herbst 1991 hat die Staatsanwaltschaft zu ihrer großen Überraschung die kompletten Prozeßakten im SED-Parteiarchiv wiedergefunden, lauter dünne Heftchen. Die Anklage bestand aus ein paar Zeilen auf dem ersten Blatt. Dahinter stecken Auszüge aus sowjetischen Vernehmungsprotokollen. Ihr Inhalt wurde als wahr unterstellt. Das Strafmaß war vorher festgelegt. Verteidiger wurden nicht gestellt, Zeugen nicht gehört, Einwände der Angeklagten während der Verhandlung im Urteil konstatiert, aber nicht berücksichtigt. Eine gesetzliche Grundlage, die die Strafprozeßordnung aufgehoben hätte, habe es »grundsätzlich nicht« gegeben, sagt Jürgens. Das (West-)Berliner Kammergericht befand die in Waldheim ergangenen Urteile schon 1954 pauschal für nichtig.

Ursprünglich sollte der Hauptangeklagte im ersten Prozeß gegen Waldheim-Juristen ein gewisser Otto Fuchs sein. Fuchs war 1950 Vorsitzender einer Kammer, in der Jürgens zeitweilig als Beisitzer fungierte. Kurz nachdem Fuchs im

Februar 1992 die Anklage bekommen hatte, ist er zusammen mit seiner Frau aus einem Fenster im siebten Stock gesprungen. »Ich versichere Ihnen, daß wir in meiner Kammer nur Kriegsverbrecher verurteilt haben, und bin mir sicher, daß wir uns über kein Urteil schämen müssen«, schrieb er in einem Abschiedsbrief an seinen Anwalt. Die Nachgeborenen hielt er für zu naiv, um die Prozesse von damals beurteilen zu können. Kinder hatte das Ehepaar Fuchs nicht; Frau Fuchs war angeblich im Dritten Reich bis zur Unfruchtbarkeit mißhandelt worden. In Waldheim war Martha Fuchs, wie die Leipziger Staatsanwaltschaft unterdessen herausgefunden hat, als Staatsanwältin beteiligt.

Der Witwer Otto Jürgens hat sich nicht das Leben genommen, er spielt nicht krank und steht zu seiner unerschütterten Weltsicht. Seine Pflichtverteidigerin, eine schicke, wuselige Anwältin aus Leipzig, lobt ihn als »diszipliniert und pflichtbewußt«. Wahlverteidiger ist ein Jurist aus Hannover, von anderen Juristen in Leipzig geringschätzig als »der Professor, naja, Fachhochschulprofessor« tituliert. Regelmäßigen Beobachtern ist aufgefallen, daß er nicht alle Register der Strafverteidigerorgel zieht. Aber Jürgens ist ohnehin ein sperriger Mandant. Meist ist seine Verachtung für das Gericht wortlos; Jürgens faltet die Hände und dreht gelangweilt die Daumen umeinander.

Was weiß er noch? Im Frühjahr 1950 war Otto Jürgens 44 Jahre alt. Hinter ihm lagen eine abgebrochene Tischlerlehre, viele Jahre im kommunistischen Untergrund, eine kurze Zeit als Soldat, keine Zeit im Gefängnis, eine einjährige Schulung zum »Volksrichter« marxistisch-leninistischer Prägung, schließlich einige Erfahrung als Staatsanwalt in Verfahren gegen Nationalsozialisten. Er habe sich immer gegen die Beeinflussung der Justiz durch die Partei gewehrt, immer, hat Jürgens an einem Verhandlungstag gesagt, seinen eigenen Anteil an der Einrichtung der parteilichen Justiz souverän beiseite schiebend. Nach der Zeit in Waldheim schloß Jürgens ein juristisches Fernstudium ab und amtierte eine lange Zeit – ohne Beförderungen, wie er vor Gericht angab – als Staatsanwalt für politische Strafsachen am Bezirksgericht Halle. Am Ende seiner Laufbahn wurde er mit dem »Verdienstorden der Rechtspflege« belohnt. Waldheim steht für drei Monate mittendrin, die sein Leben nicht auf den Kopf gestellt haben.

Rechtsbeugung ist eines der schwierigsten Gebiete in der juristischen Aufarbeitung der DDR-Vergangenheit. Für die Rechtskultur und das Ansehen des Rechts in der Bevölkerung ist es besonders wichtig; umgekehrt hängen über jedem Verfahren die Versäumnisse der Vergangenheit. Denn die bundesdeutsche Justiz hat 1967 zum ersten Mal einen Juristen wegen

Rechtsbeugung im Dritten Reich vor Gericht gestellt. Das Verfahren litt damals von Anfang an an seiner Zufälligkeit; warum ausgerechnet der Richter Rehse? Rehse hat sich, so ist überliefert, brillant verteidigt, zum Beispiel, indem er Kernsätze aus Gustav Radbruchs ›Lehrbuch der Rechtsphilosophie‹ zitierte.

1932, im letzten Jahr der Weimarer Republik, hatte Radbruch noch streng rechtspositiv argumentiert: »Für den Richter ist es Berufspflicht, den Geltungswillen des Gesetzes zur Geltung zu bringen, das eigene Rechtsgefühl dem autoritativen Rechtsbefehle zu opfern, nur zu fragen, was rechtens, und niemals, ob es auch gerecht sei.« Das Recht könne, so Radbruch 1932, dem Inhalt nach ungerecht sein, sein bloßes Dasein aber erfülle seinen Zweck, die Rechtssicherheit. »Wir verachten den Pfarrer, der gegen seine Überzeugung predigt, aber wir verehren den Richter, der sich durch sein widerstrebendes Rechtsgefühl in seiner Gesetzestreue nicht beirren läßt.« Nach der Erfahrung des Dritten Reichs hatte Radbruch seine Meinung geändert. Die berühmte einschränkende Formel vom »gesetzlichen Unrecht« – von Gesetzen, die in so eklatantem Widerspruch zur Gerechtigkeit stehen, daß sie Unrecht schaffen – stammt aus dem Jahre 1946. Sie öffnete der bundesdeutschen Justiz den Weg zur Verfolgung von Straftaten, die zur Tatzeit gesetzlich gedeckt waren.

Rehse, damals Mitte Sechzig, ist in erster Instanz zu fünf Jahren Zuchthaus verurteilt worden. Rechtskräftig wurde das Urteil nicht. Die bundesdeutsche Justiz hat keinen Richter oder Staatsanwalt, der sich unter Hitler im Amt schuldig gemacht hatte, rechtskräftig verurteilt. Eine vorsätzliche, also schuldhafte Rechtsbeugung sei nicht nachzuweisen, war der Tenor vieler Urteile gegen die »furchtbaren Juristen«; dieser Sammelbegriff für NS-Juristen hat sich nach Rolf Hochhuths gleichnamigem Theaterstück über den Fall des Marinerichters und späteren baden-württembergischen Ministerpräsidenten Kurt Filbinger eingebürgert.

Die mißlungene eigene Vergangenheitsbewältigung der Justiz belastete jeden NS-Prozeß in der Bundesrepublik als Standesschuld. Wäre Deutschland geteilt geblieben, hätte sie mit der Zeit vielleicht abgeschrieben werden können. Seit den sechziger Jahren klagt jede neue Generation von Jurastudenten über die Versäumnisse der Vätergeneration. Zum Zeitpunkt der Vereinigung war die Hypothek fast erloschen. Der zweite Versuch einer juristischen Vergangenheitsbewältigung hat sie verlängert. Das gilt besonders für die Rechtsbeugungsverfahren gegen ehemalige DDR-Juristen.

Richter Rehse und Richter Jürgens stammen aus derselben Generation. Rehse wäre jetzt 90 Jahre alt. Als ihm der Prozeß gemacht wurde, führte Rehse vor, warum die bundesdeutsche Justiz belastete Juristen nicht ausgeschlossen hatte, demonstrierte wieder und wieder seine Qualifikation und Beweglichkeit. Seine Sprache und seine Denkstrukturen waren die seiner Richter. Jürgens ist kein Jurist wie seine Richter. Er ist ein Mann der Partei, unbeweglich in seinem deklarierten Antifaschismus und nicht sonderlich intelligent. Jürgens ist fest überzeugt, nur Schuldige verurteilt zu haben. Mitglied in der Scharnhorst-Jugend der eine, aktiver Werwolf und Kreisrichter der NSDAP der andere. Ist doch klar, was das für Organisationen waren! Das Strafmaß (Mindestmaß: fünf Jahre Zuchthaus) sei »vielleicht etwas überzogen« gewesen, räumt er ein.

»Wer ›Mein Kampf‹ gelesen hat und das Parteiprogramm der NSDAP, der wußte Bescheid«, sagt Jürgens kategorisch. Das reicht doch wohl, oder? Konkrete Erinnerungen an irgendeinen Fall hat er »absolut nicht«. Er könne nur aufgrund des vorliegenden Urteils Stellung nehmen. Seit April 1945 habe der Angeklagte eine Waffe besessen. »Ich gehe davon aus, daß er für die nationalsozialistische Gewaltherrschaft aktiv tätig war.« Jürgens lehnt sich zurück und spricht mit fester Stimme zum Gericht. Er möchte an dieser Stelle mal grundsätzlich etwas sagen. Hier werde immer der Richter Jürgens in den Vordergrund gestellt. Aber die Urteile seien doch nicht von ihm allein gefällt worden, sondern von einem Kollektiv. Wollen Sie damit sagen, fragt der Richter, daß Sie dagegen gestimmt haben? Jürgens reckt sich. Keinesfalls, das wolle er keinesfalls sagen.

Jedesmal, wenn der Richter präzise fragt – »Wie stellen Sie fest, daß jemand ein Kriegsverbrecher ist?« –, weicht Jürgens ins Allgemeine aus, spricht von Hitlers Buch und vom Parteiprogramm. Hitlers Politik wäre nicht durchsetzbar gewesen ohne diese Masse von willfährigen Menschen. Sie alle seien schuldig geworden, hätten »Verbrechen gegen die Menschlichkeit« begangen. Wer, fragt der Richter, außer aktiven Widerstandskämpfern sei denn nach seiner Definition eigentlich als unschuldig anzusehen? Wie habe Jürgens als Richter in Waldheim unterschieden zwischen aktiven Nationalsozialisten und Mitläufern? Bei der nächsten Nachfrage fährt Jürgens aus der Haut, »das ist doch alles Wortklauberei!« Barsch schließt der Angeklagte die Befragung.

Die Entwicklung der ostzonalen Justiz nach 1945 ist zeitgeschichtlich noch nicht aufgearbeitet. Vielen der Beteiligten in Waldheim war mulmig zumute, wie aus einem Zwischenbericht an die Parteizentrale der SED hervorgeht: »Überwiegend wurde die politische Schwäche der Kammern festgestellt, wenn es sich um Fälle handelte, wo eine Verurteilung aus politischen

Gründen erfolgen muß...« Auch in Berlin, wo die Prozesse koordiniert wurden, war nicht allen Beteiligten wohl bei der Sache. Von einem Erwin Reißler, 1950 als stellvertretender Hauptabteilungsleiter im Justizministerium mit Waldheim befaßt, ist ein eigenartiger Bericht erhalten, den er 1964 verfaßt und der Staatssicherheit übergeben haben will. Einen Durchschlag gab er kurz nach der Wende bei der West-Berliner Justiz ab. Der Bericht hält eine Mischung aus Parteitreue und Panik fest, die bis ins Zentralkomitee der SED reichte.

Wieder und wieder muß das Gericht Geschichtsforschung betreiben. Der Vorsitzende Richter hat ein Verzeichnis von 444 zugelassenen Rechtsanwälten im Umkreis von Waldheim ausfindig gemacht, Stand 1. 10. 1949. Verteidiger für die Angeklagten hätte man also finden können.

In Berlin sind bei der Arbeitsgruppe Regierungskriminalität sechs Staatsanwälte mit Rechtsbeugungsverfahren beschäftigt, bei der Staatsanwaltschaft am Landgericht noch einmal fünf. Jedes neue Bundesland hat an seinen Landgerichten eigene Arbeitseinheiten. Ermittelt wird in mehreren tausend Fällen gegen ehemalige Richter und Staatsanwälte der DDR. Die Verfahren kommen vor allem auf dem Amtsweg – Urteile aus Salzgitter, abgeschlossene Kassationsverfahren – und nur ausnahmsweise durch

Strafanzeigen von Opfern in Gang. Im Sommer 1993, nach zwei Jahren Arbeit, ist ein Dutzend Anklageschriften fertig. Erst zwei Fälle sind abgeschlossen. Die Gerichte haben Bewährungsstrafen verhängt.

Die Staatsanwaltschaften haben den Akzent auf Schikanen im Zusammenhang mit Ausreiseversuchen gelegt. Die Tatzeit liegt oft nur ein paar Jahre zurück. Die beteiligten Richter und Staatsanwälte standen in der Justizhierarchie der DDR an untergeordneter Stelle. Der Prozeß gegen Otto Jürgens ist bislang das einzige Verfahren, das sich um ungerechtfertigte Todesurteile dreht.

Schweigen (II): Erich Honecker

Ein alter Mann soll sich aufrecht halten
und ein böses Gesicht machen.
Charles de Gaulle

Wenn es je ein Theaterstück über den Prozeß gegen Erich Honecker geben sollte, so wird eine Rolle besonders schwer zu besetzen sein. Es ist die von Herrn Dr. Rüdiger Boergen. Boergen ist Anwalt und vertritt einen Nebenkläger. Der Sohn seines Mandanten, René Groß, ist 1986 bei einem Fluchtversuch aus der DDR erschossen worden. Die Nebenklage ist eine Instanz, die seit den siebziger Jahren in deutschen Strafprozessen an Bedeutung gewonnen hat. In Vergewaltigungsprozessen spielt sie eine wichtige Rolle. Als Vertretung der Opfer neigt sie zu Emotionalität. Das ist mitunter lästig und stört den glatten Prozeßverlauf. Nebenklagemandate werden auffallend häufig von Frauen wahrgenommen. Sie gelten als juristisch und gebührenmäßig reizlos. Richter erinnern sich an Glanzstunden der Nebenklage, in denen die Staatsanwaltschaft in Bedrängnis kam. Das geht freilich nur, wenn der Richter die Verhandlung in der Hand hat. Er muß für die klimatischen und die technischen Voraussetzungen sorgen.

Herr Boergen hat in doppelter Hinsicht Pech. Er hat nicht einmal ein Mikrophon.

Boergen ist von Kopf bis Fuß unscheinbar. Er ist schmächtig und schleppt immer eine große Aktentasche. Häufig kommt er erst nach Verhandlungsbeginn. Das Verfahren ist wichtig, die Zahl der Beteiligten groß. Die 27. Große Strafkammer ist mit drei Berufs- und zwei Laienrichtern besetzt, im Hintergrund sitzen zwei Ersatzrichter und vier Ersatzschöffen. Die Staatsanwaltschaft tritt an manchen Tagen zu viert auf. Die Angeklagten, ihre Zahl schrumpft innerhalb weniger Wochen von sechs auf drei, haben zumeist drei Verteidiger. Auf den Bänken rechts und links von den Zeugenstühlchen vor dem Richter sind alle guten Plätze vergeben. Den Nebenklägern und ihren Vertretern, vier an der Zahl, bleiben ein paar Stühle am Rand. Boergen hat den schlechtesten abbekommen. Zu seinem Pech und zum Nachteil der Sache hat er auch noch eine leise Stimme. Denn Boergen hat ein paarmal versucht, das Geschehen im Saal wieder zur Sache zurückzulenken: zu den Todesfällen an der deutsch-deutschen Grenze, dem schärfsten Schuldvorwurf, den man der DDR bis heute machen kann.

Im Gerichtssaal geht es nur theoretisch nach rein juristischen Gesichtspunkten zu. Praktisch wird der Gang der Dinge von ähnlich unsachlichen Elementen mitbestimmt wie jede Geschäftsverhandlung. Je schlechter der Vorsitzende, desto stärker werden die Nebensächlichkeiten. Hansgeorg Bräutigam war in diesem Verfahren von Anfang an ein schlechter Vorsitzender. Am Landgericht Berlin hat er den Ruf eines exzellenten Juristen, dem manchmal das Temperament durchgeht. »Bei Bräutigam steht das Strafmaß immer in direktem Verhältnis zum Jahreseinkommen des Angeklagten«, sagt ein prominenter Berliner Verteidiger. Ein Jahr zuvor, um die Jahreswende 1991/92, hat Bräutigam, damals Vorsitzender Richter der 5. (Wirtschafts-) Strafkammer, in nur sechs Monaten einen Prozeß gegen drei Millionenschieber von der PDS durchgezogen. Einen Brief, den die Verteidigung am letzten Tag vorlegte, stufte das Gericht als irrelevant ein – aus dem Brief des Bundesnachrichtendienstes ergab sich, daß der BND von der Schieberei vorher gewußt und das Bundeskanzleramt informiert hatte. Die Angeklagten bekamen Bewährungsstrafen und dazu einen ordentlichen Schlag persönliche Beurteilungen vom Richter: »Sie machen Ihrem Namen alle Unehre«, sagte er zu dem Hallenser PDS-Funktionär Karlheinz Kaufmann, und: »Ihr wirtschaftlicher Unverstand übertrifft noch die Anmaßung Ihres Auftretens.« Bräutigam kann seine eigene Person, seine eigenen Vorlieben und Abneigungen nicht einmal im Amt vergessen.

Herrn Dr. Boergen kann er aus irgendeinem Grund nicht leiden, und Boergen hat nicht die Persönlichkeit wie etwa sein Kollege Plöger, ihm unerschütterlich Paroli zu bieten. Das nutzt Bräutigam weidlich aus. Wenn Hanns-Ekkehard Plöger, bei Berliner Juristen als Organisator des Juristenballs beliebt, wieder mal eine lange, juristisch bestenfalls eigenwillige Stellungnahme abgegeben hat und Boergen an die Reihe kommt, ist Bräutigam schon zum Biß bereit. Der, es ist ja bloß Boergen, darf auch einmal paradox sein: »Ich entziehe Ihnen das Wort! Kommen Sie zur Sache!« Boergen hat atmosphärisch mit seinen Argumenten keine Chance. »Wir befinden uns in einem rechtsstaatlichen Verfahren und sind daran interessiert, daß das so bleibt«, sagt er und scheint damit aber im Saal fast allein. Außerhalb teilte mancher seine Ansicht. Wolfgang Thierse hatte immer wieder gefordert, daß der Prozeß gegen Erich Honecker korrekt sein müsse »bis an den Rand des Skandals«, es sollte ein »Schauprozeß für den Rechtsstaat« werden. Auf der anderen Seite zürnte Rupert Scholz am Tag nach Honeckers Haftentlassung, der Prozeß wäre eine Gelegenheit gewesen, »ein Beispiel für rechtsstaatliche Rechtspflege in jeder Hinsicht zu geben«.

War es nun ein rechtsstaatliches Verfahren oder nicht? War der Rechtsstaat Bundesrepublik Deutschland überhaupt berechtigt, einen Prozeß gegen das gestürzte Oberhaupt eines Staats zu führen, den es völkerrechtlich anerkannt hatte? Die Frage ist vom Senat bejaht worden und von außenstehenden Juristen, so in verschiedenen Aufsätzen im ›Deutschland-Archiv‹, auch. Nach der besonderen mechanistischen Logik der Juristen mag der Prozeß eindeutig gerechtfertigt sein. Politisch und moralisch spricht manches dafür, manches dagegen. Die Schuldvorwürfe gegen Erich Honecker sind vielfältig. Sein Anteil an der millionenfachen Zerstörung von Lebensperspektiven in der DDR ist nicht meßbar und nicht justitiabel. Rund um die 169 Tage, die Erich Honecker in Berlin-Moabit in Untersuchungshaft verbracht hat, bleibt eine Reihe von Fragen, die nicht eindeutig beantwortet werden können. Auf manche hätte Honecker selbst Auskunft geben können, wenn er gewollt hätte: Wer hat in der langen Zeit zwischen seinem Sturz und seinem Ende wann am Gang der Dinge gedreht? Wer hat Honecker in die Sowjetunion entweichen lassen? Wie genau sahen die Modalitäten seiner Rückkehr aus?

Unabhängig von Honeckers Krankheit war der Prozeß von Anfang an emotional befrachtet. Ein politisches Verfahren war es nicht. Als Strafprozeß scheiterte es aber an der unausgesprochenen Auflage, Ersatz zu sein für den unmöglichen politischen Prozeß.

Erster Verhandlungstag ist der 12. November

1992. Dauer 45 Minuten. Der Angeklagte Stoph ist ärztlich entschuldigt. Sein Verfahren wird abgetrennt und eingestellt. Wegen Honeckers Gesundheitszustand ist die Verhandlungsdauer auf drei Stunden, zweimal die Woche, beschränkt. Zweiter Tag. Das Verfahren gegen Erich Mielke wird vorläufig abgetrennt und eingestellt. Die Verteidigung führt Honeckers Gesundheitszustand mit Hilfe langer Befangenheitsanträge in allen Einzelheiten in das Verfahren ein. Der Berliner Rechtshistoriker Uwe Wesel kommentiert ihn unter dem Titel ›Der öffentliche Leberkrebs‹. Dritter Tag. Honeckers Verteidiger fordern, das Verfahren gegen Honecker wegen seiner Krankheit einzustellen. Ablehnungsanträge gegen die Richter. Vierter Tag. Von der Verteidigung Albrecht kommt – zum ersten Mal in diesem Verfahren – der Vergleich mit »Nürnberg«. Honeckers Verteidigung beschwert sich über Nachermittlungen der Staatsanwaltschaft. Der Ost-Verteidiger Wolff, der außer Honecker auch noch Hans Modrow, Werner Großmann und Markus Wolf zu seinen Mandanten zählt, klagt in einer Verhandlungspause: »Die Verlesung seines Krankheitszustands nimmt ihn sehr mit.« Die Besorgnis klingt so echt, daß man fast vergißt, wer die Krankheit von Anfang an zum einzigen Inhalt von Honeckers Prozeß gemacht hat.

Fünfter Tag. Honeckers Verteidiger Becker zieht zum ersten Mal Parallelen zur NS-Justiz.

In einem Nebensatz vergleicht er den Anwalt Plöger mit dem Präsidenten des Volksgerichtshofs Freisler. Endlich kann die Staatsanwaltschaft die Anklage verlesen. Den Angeklagten wird Totschlag in Ausübung ihrer politischen Ämter vorgeworfen. Die schriftliche Anklage umfaßt 783 Seiten. Sie listet vier Dutzend Fälle auf, in denen Flüchtlinge an der Mauer oder an der innerdeutschen Grenze ums Leben gekommen sind. Für den Prozeß sind drei Dutzend Fälle abgetrennt worden. Im Gerichtssaal wird es sich sechzig Verhandlungstage lang um vier Fälle von Tod durch Erschießen, vier von Tod durch Minen und vier durch Selbstschußanlagen drehen; am sechzigsten Tag werden die ersten vier abgetrennt. Diese vier Fälle waren im Prozeß durch Nebenkläger vertreten. Die Nebenkläger, besonders Plöger, waren Gericht und Staatsanwaltschaft mit ihren Fragen gründlich auf die Nerven gegangen.

Sechster Tag. Honecker liest mit lauter, fester Stimme drei Stunden lang seine Stellungnahme zur Anklage. Er kehrt den Staatsratsvorsitzenden heraus, den Staatschef der von mehr als einhundert Staaten völkerrechtlich anerkannten DDR und streitet die Zuständigkeit des Westberliner Landgerichts für den Prozeß, in dem er der Hauptangeklagte ist, ab. »Die Politiker und Juristen sagen, wir müssen die Kommunisten verurteilen, weil wir die Nazis nicht verurteilt haben. Wir müssen diesmal die Vergangenheit aufarbeiten«, sagt er in seiner Einleitung. Er erinnert daran, daß er in Moabit schon einmal vor Gericht gestanden hatte, zur Zeit der Nazis, und zehn Jahre im Zuchthaus verbracht hat.

In der Folge spottet Honecker über die Naivität der Staatsanwaltschaft. Nicht er habe den Bau der Mauer angeordnet, wie in der Anklageschrift zu lesen, das habe sich aus der politischen Lage ergeben. Die Welt habe 1961 auf einen Dritten Weltkrieg zugesteuert. Die Mauer habe ihn verhindern helfen. Honecker mokiert sich weiter. Jeder habe doch gewußt, daß er als höchster Politiker der DDR die politische Verantwortung für die toten »Grenzverletzer« getragen habe. Warum habe man dann den Umgang mit ihm gesucht, warum habe ihn der Bundeskanzler eingeladen? Nach außen sei die Bundesrepublik geschmeidig, niemand frage nach Michail Gorbatschows Anteil an und Verantwortung für die »kommunistische Weltbewegung«. Gorbatschow mache man zum Ehrenbürger von Berlin, ihn stelle man vor Gericht. Von nun an will Honecker schweigen. Er hält sich daran. Mancher westdeutsche Politiker wird an diesem 3. Dezember 1992 drei Kreuze gemacht haben.

Siebter Tag. Der ehemalige Verteidigungsminister Heinz Keßler verliest seine Stellungnahme. In der Vernehmung zur Sache verteidigt er sich gekonnt im parteichinesischen Holzdeutsch. Man versteht nichts. Achter Tag. Richter Bräutigam eilt mit der Verlesung von Dokumenten, schlecht vorbereitet übrigens, dem ordentlichen Verfahrensablauf voraus in die Beweisaufnahme, die noch nicht ansteht. Nun will auch Keßler schweigen. Neunter Tag. Fritz Streletz, Generaloberst und stellvertretender Verteidigungsminister a. D., verliest seine Stellungnahme. Später charakterisiert er Honecker als den gerechten, geduldigen und pünktlichen Großen Vorsitzenden. Honeckers Leberkrebs mißt 10,3 Zentimeter Durchmesser. Zehnter Tag. Neue medizinische Gutachten werden in nichtöffentlicher Sitzung erörtert. Becker hat seine Frau mitgebracht, die später einen Artikel über diese Sitzung schreibt. Elfter Tag. Marathonsitzung. Es geht um Honeckers Verhandlungsfähigkeit. Plöger stellt einen Ablehnungsantrag gegen Bräutigam, weil der ein Fernsehinterview über das laufende Verfahren gegeben hat.

In einer Verhandlungspause spricht Bräutigam zum ersten Mal mit Honeckers Verteidigern; eine »Postsache«, erklärt er später in der Verhandlung. Wieder einmal hört niemand Boergen zu, der zur Sache zurückkommen will. Becker kann sich eine Frechheit nicht verkneifen, wirft der Justiz im Fall Honecker eine »deutsche Gründlichkeit« vor, die man aus dem Nationalsozialismus kenne. Es sei typisch für eine

»Extremfraktion des Berliner Kleinbürgertums«, daß man Honecker »vor Weihnachten« nicht zu seiner Familie lassen wolle. Honecker bleibt in Haft.

Weihnachtspause. In ihrer systematischen Grausamkeit waren das nationalsozialistische und das kommunistische Regime kaum vergleichbar. Das frohe Fest der Christenheit spielt in der Aufarbeitung offensichtlich immer eine Sonderrolle. Aus dem ersten Auschwitz-Prozeß, der Mitte der sechziger Jahre in Frankfurt stattfand, sind heftige Proteste der Verteidiger überliefert: Wie soll der Angeklagte Weihnachten gemordet haben, wo doch Familienväter Urlaub bekamen? Die Verteidiger der NS-Täter waren in einer prekären Situation; reputierlich war ihre Aufgabe nicht. Hugh Trevor-Roper fragte in einer Gerichtsreportage, ob der prominente Strafverteidiger Hans Laternser vielleicht »ein Feind des neuen liberalen Deutschland« sei. Allen Ernstes wurde diskutiert, ob Verfahrensschutz für NS-Täter »Tierschutz für Motten« sei. Im vereinten Deutschland ist die Frage nach dem Rechtsanspruch auf Verteidigung für die Männer, die an oberster Stelle verantwortlich waren für die Installation der SM-70-Splitterminen und andere sogenannte Grenzsicherungsanlagen, überhaupt nicht gestellt worden. Umgekehrt hat auch das Mandat dem Renommée ihrer Verteidiger nicht geschadet.

Kurz nach Weihnachten bittet der kasachische Präsident Nasabarjew Bundeskanzler Kohl, den Prozeß gegen Erich Honecker einzustellen, weil er ein schlechtes Vorbild sei für die neuen osteuropäischen Staaten. Das Kammergericht bescheidet eine Haftbeschwerde von Honeckers Anwälten negativ. Im übrigen sei es aber der Meinung, fügt es hinzu und räsoniert über mehrere Seiten herum, daß der Angeklagte das Verfahrensende nicht erleben werde. »Dennoch ist der Senat rechtlich daran gehindert, das Verfahren selbst einzustellen.« Das klingt, als ob der Senat es bedauert. Honeckers Verteidigung reicht einen Befangenheitsantrag gegen Bräutigam ein. Bräutigam habe in der letzten Verhandlung gelogen. Er habe keine »Postsache« für die Verteidiger gehabt, sondern einen Autogrammwunsch an den Angeklagten.

Zwölfter Tag. Bräutigam vor dem Fall. Die Staatsanwaltschaft will Bräutigam halten, und sogar Plöger gockelt freundlich: »Wir Juristen sind zu Beginn des Neuen Jahres immer bereit zu verzeihen.« Becker versetzt dem Staatsanwalt nebenbei einen argumentativen Schlag unter die Gürtellinie: Er habe ja früher einmal mit Nazi-Richtern zu tun gehabt, aber das sei wohl unmöglich! Die anderen Richter in der Kammer haben genug von Bräutigams Patzern und lassen ihn fallen. Dreizehnter Tag. Der neue Vorsitzende Boß trennt das Verfahren gegen Erich Honecker ab. Das Ende ist absehbar. Mancher, der nichts dagegen hätte, wenn es Honecker nicht besser ginge als seinen Landsleuten früher, will es partout noch nicht glauben. Im Saal hat jeder es verstanden, sogar der schwerhörige Albrecht. Er verabschiedet sich per Handschlag von seinem Generalsekretär. Vierzehnter Tag. Die übrigen Angeklagten beantragen, Honecker noch als Zeugen zu hören.

In der Folge vergaloppiert sich ein Richter nach dem anderen und die Justizsenatorin hintendrein. Das Berliner Verfassungsgericht erklärt, daß sowohl das Land- als auch das Kammergericht Honeckers Recht auf Menschenwürde verletzt haben. Für diese Erklärung muß es sich bundesrechtliche Kompetenzen arrogieren, die es nicht hat. Die 27. Kammer beim Landgericht überstürzt unter ihrem neuen Vorsitzenden das Ende mit einer Einstellung per Beschluß. Die Strafprozeßordnung schreibt ein Urteil in öffentlicher Verhandlung vor. Das weiß jeder Jurastudent vor dem ersten Staatsexamen. Später verpatzen die erfahrenen Richter die – mögliche – Vernehmung Honeckers als Zeugen gegen das übriggebliebene Trio Albrecht, Keßler, Streletz. Der Präsident des Bundesgerichtshofs, Odersky, kritisiert den Beschluß des Berliner Verfassungsgerichts, ohne ihn gelesen zu haben.

Es geht weiter. Die Innenbehörden stellen

Honecker für den Weg zum Flughafen die gepanzerte Dienstlimousine des Bundespräsidenten zur Verfügung. Die Justizsenatorin leistet dem Generalstaatsanwalt »Formulierungshilfe« bei seiner Kritik am Beschluß des Landesverfassungsgerichts, der Honeckers Menschenwürde durch den Prozeß verletzt sieht. Später stellt sich heraus, daß sie, nicht der Generalstaatsanwalt, die scharfe Rüge formuliert hatte. Am selben Tag hatte sie schon versucht, die Präsidenten der Berliner Gerichte – den Präsidenten des Landesverfassungsgerichts natürlich ausgenommen – zur Kritik am Landesverfassungsgericht anzustiften. Sie hatten sich allerdings geweigert. Frau Limbach gilt in Berlin als erstklassige Juristin. Ihr »lehrerhaftes Temperament« sei mit ihr durchgegangen, entschuldigt sie sich. Der Rest ist Nachgeplänkel. Der Prozeß gegen »Keßler und andere« geht weiter, als ob es Honecker nie gegeben hätte.

Die Justiz hat den Prozeß verloren durch Fragen, bei denen das Strafrecht nicht weiterhilft. Überbelastung, historisch komplizierte Zusammenhänge und eine heterogene Staatsanwaltschaft sind nicht vorgesehen. Die Strafprozeßordnung beschäftigt sich nicht mit der klimatischen Belastung, die entsteht, wenn durch die Person des Angeklagten und seinen wortgewandtesten Verteidiger ununterbrochen an die NS-Justiz und die Versäumnisse in den eigenen

Reihen erinnert wird. Erich Honecker hat unter den Nationalsozialisten zehn Jahre im Zuchthaus verbracht, die ersten zwei Jahre in Moabit. Daß er nicht ins Konzentrationslager gekommen ist, wie manche Kalten Krieger einzuwenden versuchen, nimmt der Tatsache nichts von ihrem Gewicht. Nicolas Becker ist familiär auf besondere Art vorbelastet. Sein Vater Hellmut, eine eindrucksvolle Gestalt der Berliner Gesellschaft, hat im Nürnberger Wilhelmstraßen-Prozeß Ernst von Weizsäcker verteidigt. Vor dem Honecker-Mandat haben spitze Zungen dem Sohn nachgesagt, das werde auch in seinem Leben der wichtigste Prozeß gewesen sein.

Der Rechtsstaat ist aus Sicht der Strafprozeßordnung ein Kontinuum, in dem es weder Brüche noch Gefühle gibt. Die Strafprozeßordnung geht von Rollen aus und trifft keine Vorkehrungen für den Fall, daß manche Menschen unbeherrschbar wie Chemikalien reagieren, wenn sie aufeinandertreffen. Der Prozeß hätte einen anderen Verlauf nehmen können und einen anderen Eindruck hinterlassen, wären die Schlüsselstellen nicht ausgerechnet von Nicolas Bekker, Hansgeorg Bräutigam und Hanns-Ekkehard Plöger eingenommen worden. Für alle drei war der Prozeß ein Knüller. Alle drei lieben den Auftritt und hören sich gern reden. Bräutigam kam jeden Morgen mit Leidensmiene aus dem Richterzimmer, wartete, bis sich die Scheinwerfer von Honecker weg auf ihn gedreht hatten, und sagte dann: »Die Kameras bitte hinaus.« Sein Nachfolger setzte sich einfach hin und fing an. Becker kam oft als letzter, einen roten Koffer unter dem Arm, trug als einziger nicht die vorgeschriebene weiße Krawatte und blieb in der Bank stehen, wenn alle anderen schon saßen. Wenn der Richter mit dem Tagespensum schneller vorankam, als es Becker recht war, unterbrach dieser ihn und sagte: »Darf ich mal ganz kurz etwas sagen?« Es folgte ein langer, frei formulierter Antrag, wohlklingend und schlüssig, der keinen tieferen Sinn zu haben schien, als den Prozeß nach seinem Rhythmus zu gestalten.

»Hier geht es doch nicht nach Schönheit!«, bullerte Plöger einmal, als Becker wieder besonders lange das Wort gehabt hatte. Plöger gilt im Gegensatz zu Becker und Bräutigam nicht als guter Jurist. Aber im Gegensatz zu ihnen strahlt er Unverletzlichkeit aus. Bei Plöger kommt man gar nicht auf die Idee, er könnte aus Nervosität Magenschmerzen haben oder vor Kränkung nicht schlafen. Den Spott über seine vierteilige Visitenkarte findet er bloß albern. Ist doch praktisch, oder? Oder soll er sich vielleicht für jede seiner vielen Funktionen – Plöger hat ein halbes Dutzend Ehrenämter inne – eine eigene Visitenkarte machen lassen? Wäre doch Blödsinn. Nöh. Plöger vertritt die Vox populi. Wo

Becker, wenn er zu weit gegangen ist, in Verhandlungspausen vor der Tür mit seinem jungenhaften Charme ausgleicht, legt Plöger eher noch nach. Becker sammelt die Journalisten in Scharen um sich. Plöger zieht die Boulevardpresse an; die ›Bild‹-Zeitung sei sein Kofinanzier, unterstellt Honeckers Verteidigung einmal in der Verhandlung. Plögers Stil ist so schwer wie seine Figur. »Jeder Tag, den Herr Honecker länger in Haft ist«, behauptet er einmal, »ist ein Gewinn für den Rechtsstaat.«

Honeckers Verteidigung war bei den Journalisten beliebt und hat geschickt mit der Öffentlichkeit gespielt. Bis zum Tag seiner Entlassung hat sie es verstanden, Mitleid für einen alten kranken Mann zu erregen und seine Verantwortung vergessen zu lassen. Die Anklage hat ihr nichts entgegengesetzt. Die Staatsanwälte – sei es aus Schüchternheit oder aus altmodischem Berufsethos – haben keine Öffentlichkeitsarbeit gemacht. In den Pausen standen sie in einer fernen Ecke zusammen und verrieten nur ungern ihre Namen. Wenn die Verteidigung im Saal wieder einmal das nationalsozialistische deutsche Erbe bemühte, kamen von den Staatsanwälten nur gequälte Paraden. Honeckers Verteidigung hatte mit ihrer Doppelstrategie von gelebtem Antifaschismus und lebensbedrohlicher Krankheit eine Leimspur ausgelegt, auf der jeder klebenblieb, der sich auf sie einließ.

Hinterher war es leicht, den Ursprung aller Peinlichkeiten bei Bräutigam zu suchen. Das Scheitern des Prozesses gegen Honecker sei halt der Fluch der bösen Tat, schimpfte ein Staatsanwalt in Anspielung auf die Zuständigkeit der 27. Kammer unter Bräutigam. Das Landgericht Berlin habe durch Manipulation des Geschäftsverteilungsplans Honecker seinem gesetzlichen Richter entzogen und damit den ersten Sündenfall begangen, der die Katastrophe nach sich gezogen habe. Im Geschäftsverteilungsplan, der die Zuständigkeit der einzelnen Kammern regelt, sind viele Indizien zu finden, daß Bräutigam das Verfahren gegen Honecker zugeschanzt worden ist – oder daß er es sich sogar selbst zugeschanzt hat. Zu ungewöhnlichem Zeitpunkt im Geschäftsjahr wurde eine neue Kammer mit der passenden Zuständigkeit eingerichtet. Die Verteidigung hat die Auffälligkeiten in verschiedenen Anträgen penibel aufgedröselt. Bräutigam habe sich um den Prozeß gerissen, war in den Gerichtsfluren immer wieder zu hören. Allerdings habe auch kein anderer sich den Prozeß zugetraut. Es war zu erwarten, daß dieser Prozeß eine konzentrierte öffentliche Aufmerksamkeit auf sich ziehen würde. Richter mögen das nicht. Bräutigam ist in dieser Hinsicht nicht schüchtern.

Ungeklärt bleibt die Frage, wie alt und krank Angeklagte sein dürfen, damit man ihnen noch den Prozeß machen kann. Üblich ist es nicht, Verdächtige von über siebzig Jahren in Untersuchungshaft zu nehmen. Bei Holocaust-Prozessen ist auf Alter und Krankheit bisher keine Rücksicht genommen worden. Das aber ist im Honecker-Prozeß nie als Argument verwendet worden; nicht einmal die Staatsanwaltschaft oder die Nebenklage haben es je eingeführt, wenn es um die Frage der Menschenwürde und um die Fortsetzung des Prozesses ging. Das kommunistische Unrecht war mit den Dimensionen des nationalsozialistischen Unrechts in Deutschland unvergleichbar. An Punkten wie diesen wird das nebenbei bekräftigt.

Stellvertreter (II): Mauerschützen

Wer seinen Bruder liebt, der bleibt im Licht.
1. Johannesbrief

Plögers nächster grosser Auftritt spielt vor einer Jugendkammer. Zwei Wochen nur nach Honeckers merkwürdiger Entlassung beginnt der Prozeß gegen Hartmut Britzke und Olaf Nelde. Sie stehen für das andere Ende der Befehlskette in der DDR. Britzke, damals 18, und Nelde, damals 28, sind angeklagt, am 24. November 1986 den Maurer Michael Bittner bei einem Fluchtversuch über die Berliner Mauer erschossen zu haben. Britzke, der blaß, zitternd und manchmal weinend in der Anklagebank sitzt, war in jener Nacht Postenführer. Der ältere, Nelde, war zu einer Reserveübung einberufen worden und deshalb bloß als Posten dabei. Ihnen gegenüber sitzt, als Nebenklägerin, die Mutter von Michael Bittner. Sie hält ein zerknülltes Taschentuch in der Hand. Ihr Rechtsbeistand ist Hanns-Ekkehard Plöger.

Handelnde Personen sind weiter die Anwälte Schulz, Hentschke und Cornelius. Andreas Schulz vertritt die Nebenklägerin Simone Reiss, eine Schwester von Michael Bittner. Schulz ist eine auffallend elegante Erscheinung, immer teuer angezogen. Im Telefonbuch steht er nicht. Heinz-Joachim Hentschke hat sozusagen die Fronten gewechselt. Im Honecker-Prozeß hatte er einen Nebenkläger, ein Opfer, vertreten. Hier verteidigt er den Mauerschützen Britzke, einen Täter. Burkhart Cornelius schließlich, ein älterer Mann aus dem Osten der Stadt, verteidigt Olaf Nelde. Cornelius ist nebenbei FDP-Mitglied, Abgeordneter und Mitglied des Rechtsausschusses im Abgeordnetenhaus. Als sich der Prozeß nach mehr als zwei Monaten endlich dem Ende zu nähern scheint und der Vorsitzende Richter schon dem Staatsanwalt das Wort erteilen will, erhebt sich Cornelius: Ob man sich nicht vertagen könne, er müsse zum Festakt für die Einweihung des neuen Abgeordnetenhauses. Einen Monat darauf platzt der Prozeß an der Unnachgiebigkeit der Nebenklage. Der Fall Bittner wird zu einem späteren Zeitpunkt neu aufgerollt werden müssen.

Zunächst scheint alles klar. Britzke und Nelde beschreiben die Nacht, in der sie Dienst hatten, mit geringen Widersprüchen. Der Grenzposten Nelde entdeckt in zweihundert Meter Entfernung »eine Person« mit Leiter. Der Postenführer Britzke befiehlt ihm, einen Warnschuß abzugeben. Nelde spricht wie ein Vernehmungsprotokoll: »Wie der Wortlaut meines vorangehenden Warnrufs war, kann ich mich nicht mehr erinnern.« Die Soldaten laufen auf den Mann zu,

Britzke entlang der sogenannten Hinterlandmauer, Nelde nahe der Mauer zum Westen. Britzke hatte Dauerfeuer auf seiner Kalaschnikow eingestellt und nach seinen Worten rund zwanzig Schuß abgegeben, Nelde verschoß mit Einzelfeuer vier Patronen. Der Flüchtling ist schon an der Mauer zum Westen angekommen, als ihn zwei oder drei Schüsse treffen. Er fällt. Nach wenigen Minuten sind eine Alarmgruppe und ein Offizier zur Stelle. Die Soldaten werden sofort abgelöst und später mit Westgeld, Sonderurlaub und der Schützenschnur, im Volksmund »Todeskordel« genannt, für die »Verhinderung der Republikflucht« ausgezeichnet.

Der Vorsitzende Richter, seiner Gutmütigkeit mit jugendlichen Straftätern wegen in Berlin als »Papa Handke« bekannt, will die Sache Britzke und Nelde schnell vom Tisch bekommen. Er schiebt die ehemaligen Soldaten mit Hilfe der Ermittlungsakten durch die Vernehmung. Britzke und Nelde sind einmal im Mai 1990 von einem Militärstaatsanwalt der DDR verhört worden und später noch einmal durch die Berliner Kriminalpolizei. Die Kammer hatte vor einem halben Jahr schon einmal mit Mauerschützen zu tun. Einen Sachverständigen für Feuerwaffen zum Beispiel will die Kammer nicht noch einmal holen. »Das hatten wir schon«, sagt Handke ein paarmal. Die ehemaligen Soldaten sind geständig. Der Staatsanwalt sagt am Ende des ersten Tages, er könne jetzt plädieren. Der Richter geht noch kurz die Zeugenliste durch: »Aus der Dichte der Ladungen sehen Sie, daß ich ihnen nicht allzuviel Bedeutung beimesse.«

Bei Mauerschützen hat die Rechtsprechung Tempo vorgelegt. Fast ein Dutzend Fälle sind bis Mitte 1993 in Berlin verhandelt worden. Die ausstehenden Verfahren werden auf eintausend geschätzt. Bisher ist die Justiz eher milde mit den Soldaten umgegangen, hat sie entweder freigesprochen oder zu Bewährungsstrafen verurteilt. Das härteste Urteil, zwei und sechs Jahre Haft, fällte ein Gericht in Potsdam unter Vorsitz eines westdeutschen Leihrichters. Mehrere höchstrichterliche Revisionsentscheidungen liegen vor. In seinen Urteilen hat der Bundesgerichtshof seine Rechtsprechung aus den fünfziger Jahren bestätigt, daß die Tötung eines Menschen durch keinen staatlichen Auftrag zu rechtfertigen ist, sondern in den »Kernbereich des Rechts« gehöre, der in jeder Gesellschaft geschützt sei. Bei »entsprechender Gewissensanpassung« hätten die Soldaten dies erkennen können. Auf Befehlsnotstand soll sich keiner berufen können.

Mit der Milde der Urteile ist der Bundesgerichtshof einverstanden. »Der Angeklagte stand in der militärischen Hierarchie ganz unten«, heißt es im Revisionsurteil über einen Soldaten, der als Todesschütze ermittelt und zu drei Jahren und sechs Monaten Haft verurteilt worden ist. Der BGH verwies den Fall zurück ans Landgericht. Der Angeklagte sei »in gewisser Weise auch Opfer des Grenzregimes gewesen. Aus Gründen, die er nicht zu vertreten hat, sind Funktionsträger, die über einen größeren Überblick und über eine differenziertere Ausbildung verfügten, bisher nicht zur Verantwortung gezogen worden. Das legt hier die Verhängung einer Strafe nahe, die noch zur Bewährung ausgesetzt werden kann.«

Grundsätzlich hätte das Grenzgesetz der DDR nach Auffassung des Bundesgerichtshofs »mit Auslegungsmethoden, die dem DDR-Recht eigentümlich waren«, so ausgelegt werden können, »daß schwerwiegende Menschenrechtsverletzungen vermieden wurden«. Die DDR-Verfassung habe in Artikel 30 eine Art Verhältnismäßigkeitsgrundsatz enthalten. Das Rückwirkungsverbot im Grundgesetz der Bundesrepublik Deutschland verbiete nicht, »von einer menschenrechtsfreundlichen Auslegung des DDR-Rechts auszugehen, auch wenn diese von der damaligen Rechtspraxis abweicht«. In der Praxis hat die DDR die Mauerschützen in einem juristischen Halbdunkel gelassen. Nach der Tat folgte die Belobigung, auf die Belobigung folgte der Befehl zu schweigen. Die Befehlsgeber verfolgten gegenüber den Grenzsoldaten »eine Art perfider Doppelstrategie«, wie in einem

Urteil zu lesen ist. Vor dem Einsatz an der Grenze ergänzten sie die bewußt ungenau und unvollständig abgefaßten offiziellen Anweisungen mit der »unterschwelligen Anweisung, Flüchtlinge eher zu erschießen, als sie durchzulassen«.

Ob die Toten an der Mauer die Obrigkeit geschmerzt haben, wie Erich Honecker gesagt hat, mag dahingestellt bleiben. Peinlich waren sie ihr allemal, wie die Vertuschungsversuche zeigen. War es zu einem »Grenzzwischenfall« gekommen, übernahm das Ministerium für Staatssicherheit das Kommando. Die Beseitigung der Leiche vom »Medizinischen Stützpunkt« bei den Grenztruppen, Obduktion, Beerdigung, Benachrichtigung der Angehörigen fiel in seine Regie. Ein verdunkelndes, aber kein chaotisches System. So obskurantistisch und perfide wie im Fall Bittner war das MfS allerdings nur selten. Nach dem Tod Michael Bittners verhörte es die Familie, angeblich, weil er sich erfolgreich in den Westen abgesetzt hatte.

Die Mutter, die den Angeklagten an den meisten Verhandlungstagen gegenübersitzt, hat an der gelungenen Flucht immer gezweifelt, aber erst im April 1990 offiziell erfahren, daß ihr Sohn 1986 an der Mauer erschossen worden war. Totenschein, Obduktionsbefund oder Nachweis einer Beerdigung gibt es bis heute nicht. Hier beginnt die zweite Ebene des Prozesses gegen Britzke und Nelde: ein Strafprozeß als Vehikel für die Aufklärung dessen, was mit der Leiche von Michael Bittner geschehen ist und warum.

Die Angeklagten haben damit nichts zu tun. Sie geraten zehn Verhandlungstage lang vollkommen aus dem Blick. Die Nebenklage übernimmt die Regie, läßt Zeugen über Zeugen laden. Die meisten sind unergiebig. Die einen wissen nichts, die anderen lügen gekonnt. Sie können sich an nichts mehr erinnern. Je höher ihre Position in der Hierarchie, desto schlechter das Erinnerungsvermögen; je niedriger, desto unbedeutender ihre Aussagebereitschaft. Plöger und Schulz tappen von einer Theorie in die nächste. Theorie Nummer eins: Bittner sei von einem Offizier erschossen worden. Nummer zwei: Die Staatssicherheit habe ihn seit seinem Ausreiseantrag 1984 gekannt und zum Agenten umgedreht. Mit einer gelungenen »Flucht« in den Westen sollte ihm eine geeignete Legende verschafft werden. Nummer drei: Bittner sei nicht allein geflohen. Theorie Nummer vier: Bittner sei nicht infolge der Schüsse gestorben, sondern später von einem Unbekannten umgebracht worden. Nummer fünf: Weder Ost- noch Westdeutschland hätten den Fall Bittner an die große Glocke hängen wollen mit Rücksicht auf den zweimal abgesagten Besuch Erich Honeckers in Bonn, der im September 1987 mit allen protokollarischen Ehren über die Bühne ging. Im Ergebnis haben Plöger und Schulz nichts Neues zutage gebracht. Der Prozeß gegen Britzke und Nelde wird noch einmal von vorn anfangen.

Nachwort

»Das habe ich getan«, sagt mein Gedächtnis.
»Das kann ich nicht getan haben« –
sagt mein Stolz und bleibt unerbittlich.
Endlich – gibt das Gedächtnis nach.
Friedrich Nietzsche, ›Jenseits von Gut und Böse‹

DIE JURISTISCHEN BEWÄLTIGUNGSVERSUCHE DER DDR-Vergangenheit sind noch längst nicht am Ende. Die DDR hat vierzig Jahre gehalten. Die Vorwürfe sind nicht erschöpft. Sie wiederholen sich aber. Neue kommen nicht hinzu. Ein Unrecht von so furchtbaren Dimensionen wie der Holocaust ist nicht entdeckt worden. Die ersten Verfahren haben gezeigt, wohin die Prozesse laufen. Die Verantwortlichen kommen davon, die Handlanger nicht. Die Justiz spürt den Vorwurf. Sie versucht, sich mit Bewährungs- und anderen eher symbolischen Strafen aus der Verlegenheit zu ziehen. Das Unrecht wird gerichtsförmig festgestellt, mehr nicht.

Die juristische Aufarbeitung der DDR-Vergangenheit wird die bundesdeutschen Gerichte noch auf Jahrzehnte beschäftigen. Die Öffentlichkeit in den Gerichtssälen wird auf das übliche Maß zurückgehen; ein paar alte Leute und manchmal ein Lokaljournalist. Die Prozesse gegen Mauerschützen und Spione sind schon Routinesachen. Die Prozesse gegen Richter und Staatsanwälte werden es bald sein. Die Justiz wird jeden einzelnen Fall aufgreifen und mit maschineller Zuverlässigkeit abwickeln, einen nach dem anderen. In der Routine liegt ihre Stärke. Die Fragen nach dem Sinn, nach Denkfehlern am Anfang oder nach den Kosten werden in ihren Reihen nicht mehr laut werden. Sie sind müßig. Einen Ausweg gibt es ohnehin nicht mehr. Die Justiz und die Steuerzahler werden tausende von Prozessen ertragen müssen.

Das Ganze ist der von Anfang an vergebliche Versuch, das Unrecht der DDR mit bundesdeutschen Mitteln zu bearbeiten, das heißt, ein System nach einem anderen Regelsystem zu beurteilen. Die Argumente der Anklage kommen aus einem strafrechtlichen Phantasieland; das gelebte Strafrecht der DDR sah anders aus. Im Saal herschen dann die bundesdeutsche Strafprozeßordnung und das verinnerlichte Gedankengut der rechtsstaatlich geschulten Juristen. Der Widerspruch ist unlösbar. Jeder Zuschauer sieht und spürt ihn. Im Namen des Rückwirkungsverbots muß er von den beteiligten Richtern und Staatsanwälten beharrlich geleugnet werden. Die Glaubwürdigkeit des Rechtsstaats, die unbedingte Rechtssicherheit, wird trotzdem agiert.

Zweierlei ist im Zusammenhang mit der Hinterlassenschaft der DDR versäumt worden: rasch die Mittel zu einer angemessenen, großzügigen Entschädigung für die Opfer der politischen DDR-Justiz zur Verfügung zu stellen und die Abrechnung mit dem System selbst in die Hand zu nehmen. Ein paar Untersuchungsausschüsse oder Enquêtekommissionen und eine große Bundestagsdebatte, in der den bundesdeutschen Politikern das Eingeständnis ihres eigenen Anteils an den schmutzigen Seiten der DDR nicht erspart geblieben wäre. Keine Selbstbezichtigung, nur ein bißchen Offenlegung und Einsicht in die eigene Fehlbarkeit, möglichst sachlich und unabhängig von Parteiengezänk. Eine Bilanz als Grundlage zu einem Neuanfang. Statt dessen hat das neue Kapitel in der deutschen Geschichte unehrlich angefangen; mit dem halbaufrichtigen Verweis auf den bewährten, effizienten Rechtsstaat und die Unabhängigkeit der Justiz.

Die Deutschen sind das einzige Volk, das derart mit der kommunistischen Vergangenheit abrechnet. Die anderen Völker Mittel- und Osteuropas sind freilich auch nicht als Teil, sondern als Ganzes aus dem Ostblock entlassen worden. In ihren Staaten ist die kommunistische Geschichte Teil von jedermanns eigener Geschichte. Die Westdeutschen haben sich der Wahrheit entzogen, indem sie die DDR-Vergangenheit zur alleinigen Angelegenheit der ehemaligen DDR-Bürger deklarierten. Der gemeinsame Ausgangspunkt wurde verdrängt. In den Prozessen tritt er wieder zutage.

Jacqueline Hénard

1957 in Berlin geboren, studierte an den Universitäten Paul Valéry in Montpellier und Paris-x-Nanterre Geschichte und Politische Wissenschaften. Forschungsstipendium an der London School of Economics and Political Science. Seit 1981 gehört sie zur Redaktion der »Frankfurter Allgemeinen Zeitung«. Von 1987 bis 1992 war sie Korrespondentin für die Länder Osteuropas, seitdem lebt und arbeitet sie in Berlin. Ihr Interesse gilt dem Ost-West-Verhältnis im engeren wie im weiteren Sinne. Internationaler Publizistik-Preis 1990.

Andreas Hillgruber
ZWEIERLEI UNTERGANG
3. Auflage · 112 Seiten, Leinen

Harold James
VOM HISTORIKERSTREIT
ZUM HISTORIKERSCHWEIGEN
96 Seiten, Leinen

Heinrich von Lersner
DIE ÖKOLOGISCHE WENDE
96 Seiten, Leinen

Hermann Lübbe
POLITISCHER MORALISMUS
2. Auflage · 128 Seiten, Leinen

Friedrich Prinz
LUDWIG II.
EIN KÖNIGLICHES DOPPELLEBEN
96 Seiten mit Abbildungen, Leinen

Werner Ross
LOU ANDREAS-SALOMÉ
WEGGEFÄHRTIN VON NIETZSCHE, RILKE, FREUD
2. Auflage · 120 Seiten mit Abbildungen, Leinen

Karl Schlögel
DIE MITTE LIEGT OSTWÄRTS
2. Auflage · 128 Seiten · mit Abbildungen, Leinen

Hagen Schulze
GIBT ES ÜBERHAUPT EINE DEUTSCHE GESCHICHTE?
80 Seiten, Abbildungen, Leinen

Brigitte Seebacher-Brandt
DIE LINKE UND DIE EINHEIT
96 Seiten, Leinen

Wolf Jobst Siedler
AUF DER PFAUENINSEL
7. Auflage · 104 Seiten mit Abbildungen, Leinen

Wolf Jobst Siedler
WANDERUNGEN ZWISCHEN ODER UND NIRGENDWO
4. Auflage · 144 Seiten mit Abbildungen, Leinen

Michael Stürmer
SCHERBEN DES GLÜCKS
104 Seiten mit Abbildungen, Leinen

Richard v. Weizsäcker
VON DEUTSCHLAND AUS
Reden des Bundespräsidenten
13. Auflage, 112 Seiten, Leinen

Der Siedler Verlag ist ein Unternehmen
der Verlagsgruppe Bertelsmann.

Die Deutsche Bibliothek – CIP-Einheitsaufnahme

Hénard, Jacqueline:
Geschichte vor Gericht: Die Ratlosigkeit der Justiz /
Jacqueline Hénard. – 1. Aufl. – Berlin: Siedler, 1993
(Corso bei Siedler) ISBN 3-88680-511-5

Satz: Bongé + Partner, Berlin
Ausstattung: Brigitte und H. P. Willberg, Eppstein / Ts.
Druck und Buchbinderei: Wiener Verlag, Himberg
Printed in Austria 1993
ISBN 3-88680-511-5